Aqui, Agora

Ian Mecler

Aqui, Agora

O encontro de Jesus, Moisés & Buda

5ª edição

2022

CIP-BRASIL. CATALOGAÇÃO NA FONTE
SINDICATO NACIONAL DOS EDITORES DE LIVROS, RJ

Mecler, Ian, 1967-

M435a   Aqui, agora: o encontro de Jesus, Moisés e Buda / Ian Mecler. – 5ª ed.
5ª ed.   – Rio de Janeiro: Record, 2022.
il.

ISBN: 978-85-01-09119-2

1. Jesus Cristo – Ensinamentos. 2. Buda – Ensinamentos. 3. Moisés (Legislador de Israel) – Ensinamentos. 4. Meditações. 4. Espiritualidade. I. Título.

10-311   CDD: 248.4
CDU: 2-584

Copyright © 2010, Ian Mecler

Projeto gráfico e diagramação de miol: Julio Moreira

Capa: Zal Riani

Texto revisado segundo o novo Acordo Ortográfico da Língua Portuguesa.

Todos os direitos reservados. Proibida a reprodução, armazenamento ou transmissão de partes deste livro, através de quaisquer meios, sem prévia autorização por escrito.

Direitos exclusivos desta edição adquiridos pela
EDITORA RECORD LTDA.
Rua Argentina, 171 – 20921-380 – Rio de Janeiro, RJ – Tel.: (21) 2585-2000

Impresso no Brasil

ISBN 978-85-01-09119-2

Seja um leitor preferencial Record.
Cadastre-se no site www.record.com.br e receba
informações sobre nossos lançamentos e nossas promoções.

Atendimento e venda direta ao leitor:
sac@record.com.br

Dedico este livro a Miau
(Em memória)

Sumário

Agradecimentos .9

Motivação .11

Introdução .13

Sobre a estrutura desta obra .17

Capítulo 1 | Viver com inspiração .19
  Viver com inspiração .21
  O sacrifício do mecânico .23
  Problemas .27
  O apego aos problemas .28
  A ilusão do "se" .29
  "Eis-me aqui" .31

Capítulo 2 | Encontros e desencontros .35
  O inimigo nº 1 dos relacionamentos: a mente .37
  O encontro de Isaac e Rebeca .38
  O amor que transforma .40
  O amor que liberta .41
  A arte da dissolução dos conflitos .43
  O ser humano é uma experiência única .45
  A presença curativa .47
  Um remédio para todos os males .48
  A presença e a paz de espírito .50

CAPÍTULO 3 | O BEM, O MAL E A DÚVIDA .53
O bem, o mal e a dúvida .55
Diferentes inclinações .57
Conflitos internos .61
O conflito primordial: presença x ausência .63
O trabalho sobre si .66
A mais eficiente meditação: Aqui, Agora .68

CAPÍTULO 4 | O ÊXTASE DA VIDA .71
O êxtase da vida .73
O despertar .75
Um modelo em três etapas .76
O retorno ao ponto inicial .80
Lembrar de si .81
Presença: a chave fundamental .83

CAPÍTULO 5 | A TRANSFORMAÇÃO .87
A transformação .89
Morrer sem perder a própria vida .92
Um novo homem: um novo nome .95
Um mergulho necessário .96
O segredo de um novo nome .98
A essência da iluminação .101
Uma nova percepção da morte .102

CAPÍTULO 6 | PROVAÇÃO E PERDÃO .105
O valor das provações .107
A entrega ao momento .111
O exercício da aceitação .113
O cume do caminho: o perdão .115
O perdão nunca virá pelo esforço .117
Passar através .118
Aqui, Agora: o fundamento de toda a entrega .121

CAPÍTULO 7 | A MISSÃO PRIMORDIAL .125
A missão primordial .127
Uma experiência com macacos .129
Parar de "fazer" .131
Parar de "pensar" .134
A mente .135
O pensamento compulsivo .136
O desejo pela abertura da consciência .138
Ehier Asherier .140

CAPÍTULO 8 | AMOR E APEGO .143
A via do amor e a via do apego .145
O combate com o faraó interno .147
O alimento do faraó .149
Um atrito necessário .153
Lembrar-se de si .155

CAPÍTULO 9 | A GRANDE LIBERTAÇÃO: AQUI, AGORA .159
Situações-limite .161
Grandes códigos bíblicos .164
O segredo do nove .165
A verdade .166
A verdade e a presença .168
O grande tesouro: Aqui, Agora .170

EPÍLOGO .173

OS MESTRES AQUI CITADOS .175

AGRADECIMENTOS

A minha mulher Elizabeth e aos nossos filhos Davi e Jordana. São eles grande inspiração para este trabalho. Aos meus pais Abrahão e Rosinha e minha irmã Kátia, minha primeira e muito amada família.

A Regina Brauer, semente de um iluminado caminho. A Rav Meir e Rav Nechuniá, por investirem tempo e energia em minha formação espiritual.

A Andréa Provenzano, Lilian Monteiro e Célia Rezende, por abrirem importantes portas literárias.

Aos meus alunos do Portal da Cabala, por uma confiança e amor muito inspiradores. Em especial aos membros de nosso pacto.

Aos leitores que, ao escreverem com um retorno muito positivo sobre meus outros livros, trouxeram uma forte motivação para prosseguir com este trabalho.

Muitos são os amigos e familiares a quem gostaria de agradecer. Como não há espaço para citar todos, relaciono apenas aqueles que tiveram contato com a obra e fizeram importantes críticas e sugestões: Cristine Ferracciu, Mariana Lima e Handerson Tavares.

A minha muito querida editora Luciana Villas-Boas e aos excelentes profissionais e parceiros da editora Record, em especial Andréia Amaral, Roberta Machado, Bruno Zolotar, Gabriela Máximo e aos demais que não estão aqui mencionados nominalmente mas que trabalharam duro para que esta obra chegasse com excelência aos leitores.

MOTIVAÇÃO

Foi logo após a partida de um querido ser deste mundo físico. Não acredito que tenha sido mera coincidência. O amor incondicional que devotei a este pequeno animal durante 21 anos se transformou em pura consciência exatos sete dias após a sua despedida. Não sei explicar o porquê, mas sei que aconteceu.

Duas palavras reveladoras trouxeram um significado totalmente novo a tudo: **Aqui, Agora!** Junto com elas veio o milagre: as crises de mau humor, a eterna insatisfação, toda a negatividade e o sofrimento se despediram da minha vida.

Demorei alguns meses para me convencer disso. Pensava: é coisa de momento, já me acontecera por algumas horas no passado, agora só está durando um pouco mais. Mas não. Algo definitivo havia chegado. Revolucionou por completo a minha vida e a de centenas de alunos. Por isso precisa ser compartilhado.

Mas atenção: os ensinamentos deste livro são direcionados especialmente aos que procuram um algo a mais na vida, aos que não se conformam com uma existência trivial, guiada pelo perecível. Para estes, sim, o que vem a seguir pode ser um guia precioso, fonte da mais profunda transformação.

INTRODUÇÃO

Uma antiga história conta que, há muitos séculos, morreu o primeiro-ministro de um rei muito poderoso. Como se tratava de um homem virtuoso, o rei sentiu muito a sua falta. Passou então a procurar um substituto em todo o reinado. Enviou seus principais servos com esse objetivo e após muitos dias de procura, encontraram três homens: um cientista, um filósofo e um místico.

O cientista era um gênio da lógica. Jamais havia deixado de resolver qualquer problema matemático. O filósofo era soberbo nas áreas humanas. Utilizava as palavras como ninguém e conhecia profundamente os mais importantes textos da humanidade. O místico era um homem devoto, vivia em meditação, repleto de fé na existência.

Era difícil escolher entre eles, porque, de certa forma, se completavam. O cientista se utiliza da experiência, e isso é fundamental na formação de um sábio. O filósofo conhece a lógica como ninguém, e todos sabemos o quanto todos os sistemas, humanos ou não, são fundamentados nela. Já o místico é um homem dedicado a conhecer a vida em sua plenitude. Essa é a função maior de um místico: celebrar a vida.

14   Aqui, Agora

O rei resolveu submetê-los a uma prova, e disse: preparem-se por quatro dias, pois no quinto dia haverá um exame e o que demonstrar maior capacidade será eleito o novo primeiro-ministro.

Imediatamente os três começaram a trabalhar. O cientista passou a realizar experimentos sucessivamente. Não sabia que tipo de exame seria, precisava prever todas as possibilidades. Trabalhou ininterruptamente durante os quatro dias, se alimentou mal, e chegou à completa exaustão.

O filósofo pensou como nunca. Mentalmente, avaliava todas as possibilidades, relia todos os livros, e também estava exausto ao final dos quatro dias.

Já o místico passou os dias de forma tranquila. Comia, bebia, meditava. Um místico se permite fazer tudo isso sem qualquer culpa, mesmo à beira de um grande desafio, porque tudo o que tem é o momento. Essa é sua grande responsabilidade: desfrutar intensamente cada pequeno momento da vida. Os outros dois, mesmo exaustos, não podiam evitar o deboche diante de seu comportamento: "Continue se preparando desta maneira e colherá os frutos no dia da prova!"

Chegou o dia da prova. O rei colocou os três em uma sala fechada, com uma única e imensa porta de ferro e uma fechadura diferente de tudo o que jamais tinham visto, cheia de figuras geométricas sobrepostas que, por alguma lógica desconhecida, precisariam ser combinadas.

O cientista começou a trabalhar fazendo experiências ali mesmo, no local, mas estava tão cansado que suas mãos mal respondiam. O filósofo entrou em desespero, pois conhecia todos os problemas que haviam existido no mundo, mas esse era totalmente novo e a mente só conhece o velho, nunca está preparada para o novo. Sem dormir havia

INTRODUÇÃO 15

vários dias, não conseguia pensar em qualquer solução. O místico não sabia o que fazer. Conhecia razoavelmente matemática e lógica, mas se nem aqueles dois grandes especialistas chegavam a uma resposta, o que ele poderia fazer? Começou a orar e entrou em profunda meditação.

Os outros dois, quando o viram de olhos fechados, se sentiram aliviados, entendendo que a disputa já tinha um homem a menos. E assim, nem perceberam quando o místico deixou a sala. Foram interrompidos pela voz do rei: "O que vocês estão esperando? A disputa acabou." Lá estava a grande surpresa: a porta estava aberta.

Imediatamente perguntaram ao religioso: "Mas você não fez nada. Como conseguiu?" Ele respondeu: "Quando comecei a orar, algo dentro de mim disse: não há qualquer problema a ser resolvido. Então, andei até a porta, vi que não estava fechada e simplesmente saí!"

A sabedoria revelada nas próximas páginas representa a pedra filosofal da paz de espírito. Trata-se de um conhecimento fundamental, inserido de forma oculta em diversos caminhos espirituais. E como tudo o que é precioso de fato, trata-se de algo simples: uma porta aberta. Essa é a tônica do **Aqui, Agora**.

Este livro foi escrito para revelar a você essa sabedoria. Faremos aqui uma viagem guiada pelos maiores mestres da humanidade, fundamentada também nos códigos da Bíblia, que revelará uma forma prática e acessível de você se libertar de todo o sofrimento desnecessário que acompanha a grande maioria dos seres humanos.

Nenhuma crença é necessária para que você tire proveito destes ensinamentos. Simplesmente experimente-os e você também descobrirá o poder de uma vida focada no presente.

Bem-vindo ao **Aqui, Agora!**

SOBRE A ESTRUTURA DESTA OBRA

As informações a seguir o ajudarão a entender como este livro foi estruturado:

1 - A obra a seguir foi criada, em grande parte, de ensinamentos transmitidos por meio de aulas e palestras. Para se manter fiel às múltiplas experiências reais que foram proporcionadas, ela é toda apresentada no formato de perguntas e respostas.

2 - Em diversos pontos do texto são feitas referências à Bíblia. Para ser mais específico, o que estamos abordando aqui é o pentateuco, os cinco livros que dão origem ao antigo testamento, um texto ao qual venho me dedicando integralmente nos últimos sete anos.

3 - Os nove capítulos falam de temas de grande simplicidade e por isso não são absorvidos facilmente pela mente, que está sempre em busca de grandes soluções complexas. Portanto, é recomendável que entre um capítulo e outro você possa fazer pequenos períodos de pausa, simplesmente para que você possa respirar e sentir o estado de presença.

4 - Ao longo do livro você encontrará pequenas sugestões de práticas meditativas. Será fácil identificá-las através do símbolo a seguir. Se experimentá-las, você irá tirar um proveito substancialmente maior destes ensinamentos.

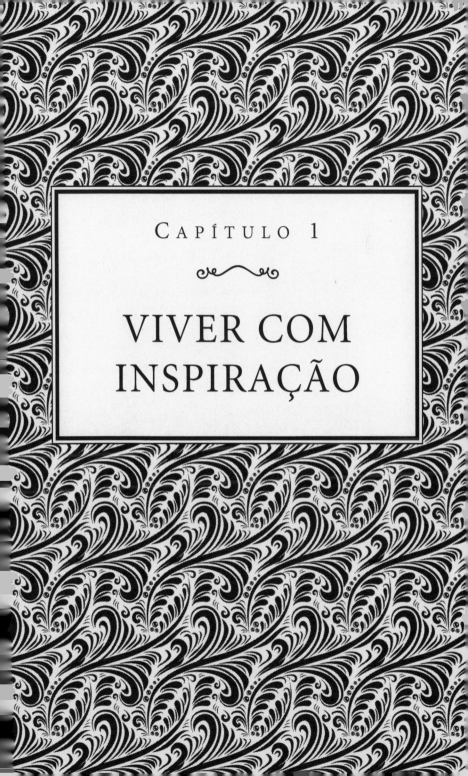

Capítulo 1

VIVER COM INSPIRAÇÃO

?

Perguntas relacionadas

- Seria possível viver de forma tão inspirada quanto esses grandes mestres?

- A ideia de deixar tanta carga mental de lado e a entrega ao momento parecem mesmo inspiradoras. Mas o que fazer com as responsabilidades e com as pendências a serem resolvidas?

- Essa visão traz uma paz imediata. Mas o fato de estarmos aqui, concentrados, facilita muito essa sensação, aproxima do divino. Seria possível obter o mesmo grau de consciência no dia a dia?

VIVER COM INSPIRAÇÃO

Você consegue imaginar o estado de espírito de Santos-Dumont no momento em que colocava, pela primeira vez na história, um veículo acima do solo, resistindo à, outrora invencível, força da gravidade? E o momento em que quatro jovens rapazes de Londres se reuniam para compor músicas que trariam alegria a bilhões de pessoas em todo o mundo?

Sem dúvida, são momentos marcantes na história do mundo, e que trouxeram alegria a muitas pessoas. Mas a inspiração, no entanto, está longe de ser um privilégio exclusivo dos grandes gênios. Ela pode acontecer a todos nós e também nos menores feitos. Um exemplo é quando duas amigas sentam para conversar e caem na gargalhada sem qualquer motivo aparente, transbordando de felicidade. Momentos assim também são muito inspirados e levam alegria a todos os seres do planeta.

Estamos diante de um tema fundamental: a felicidade e o desejo pela vida. Muitos falam de uma falta da inspiração, de uma monotonia e de uma tristeza que vêm tomando conta de suas vidas. Embora não seja uma questão nova na humanidade, nos dias de hoje tem se propagado como nunca.

Os motivos parecem muitos, mas possuem a mesma raiz: pensar em excesso e a consequente falta de presença. Quanto mais se criam expectativas no futuro, mais se fica vulnerável à depressão. É simples: se consegue realizar seus desejos, vem o tédio. Se não os realiza, vêm a dor e a frustração.

É intrigante, mas é como funciona: a mente, o maior trunfo do ser humano, o que nos diferencia dos demais seres do planeta, é também nossa maior maldição. Quando comandada pelo ego, é capaz de remover toda a alegria e a felicidade, mas quando sintonizada com o presente, com o tempo de Deus, pode ser criativa a ponto de vencer a força da gravidade ou mesmo salvar uma vida.

No momento em que você sintoniza o presente, recebe o alimento supremo: o êxtase da vida, em estado de graça, de alegria, de comunhão com o todo. Nenhuma aflição, nenhum sofrimento, somente a mais pura paz e integração com o universo. Essa é a grande herança que mestres como Jesus, Buda e Moisés nos deixaram. O grande tesouro da existência e a força motriz de uma vida inspirada.

O SACRIFÍCIO DO MECÂNICO

Seria possível viver de forma tão inspirada quanto esses grandes mestres?

É sempre bom lembrar que todos esses mestres eram homens comuns. Agiam de forma humilde, de maneira que se você os visse andando pela rua, jamais os reconheceria. Tornaram-se inspirados porque removeram definitivamente o ego e todos os seus mecanismos mentais. Assim, viviam sempre no presente.

Todo estado de plenitude e alegria vem do presente. Esse é o hábitat da luz que ilumina cada alma do universo. É o tempo de Deus, e não por acaso esse nome aparece na Bíblia como "o Eterno". Esteja presente e a luz iluminará a sua vida. Como em um passe de mágica, todas as mágoas, todas as feridas simplesmente desaparecerão. Deixarão de existir ao perder seu alimento: o velho depósito de informações passadas armazenadas na mente.

Mas a mente tem medo do desconhecido, então tenta puxar você de volta. Afinal, é mais seguro viver dentro do que você já conhece. Mesmo que não seja bom, é conhecido e, portanto, não é ameaçador. Você aprendeu a sobreviver vivendo desta maneira. O tema da inspiração aparece na Bíblia, na passagem do patriarca Abrahão diante do sacrifício de um filho. Trata-se de uma grande parábola.

Abrahão já estava em idade avançada quando recebeu três hóspedes em sua tenda e lhe foi anunciado um futuro filho. Ao ouvir aquilo, ele e a esposa riram. Como poderiam acreditar que ela, estéril, e ambos idosos, agora teriam um filho? Não havia lógica naquelas palavras. Mas aquele era um riso misto, porque estavam atônitos, em parte pela falta de fundamento daquela profecia, em parte pela alegria, pois no íntimo sabiam que na dimensão divina tudo é possível.

De fato, um ano depois nasceria o descendente daquele riso: Isaac. Abrahão, aos 100 anos de idade, realizava um grande sonho junto da esposa amada. E agora, se sentia pleno e realizado como nunca.

Mas o tempo passou, e com ele se foi todo o sentimento de plenitude e agradecimento que outrora tomava conta daquele lar. Os dias se tornaram repetitivos, e do filho tão desejado e amado, ele estava cada vez mais distante. Um dia, então, ouviu uma voz. A mesma voz que lhe anunciara o filho tão desejado agora pedia o sacrifício deste filho. Era a grande prova de sua vida.

Durante três dias, pai e filho caminharam em direção ao alto de um monte. Foram dias repletos de reflexão, amor e tristeza. Certamente aqueles dias rompiam com toda a monotonia instaurada na vida da família. Enquanto subiam, eles se olhavam, com amor e profundidade. Ali, resgataram o genuíno amor refletido em cada momento vivido intensamente.

Por isso, quando chegaram ao cume, não havia mais a necessidade do sacrifício. E a mesma voz lhe falou: "Não deves ferir teu filho. Provaste a perfeição de teu amor a Deus. Por isso, teu filho e os filhos do teu filho serão abençoados."

O episódio é repleto de códigos, e jamais poderia ser entendido literalmente. Como acreditar que a força criadora do universo seria tão punitiva a ponto de pedir a um homem santo que sacrificasse seu próprio filho? A verdade é que nenhuma faca era necessária. O objetivo era outro: mobilizar a relação de um pai com seu filho muito desejado.

Mais do que a história de um homem, o livro sagrado fala de algo que acontece comumente na existência humana, quando nos esquecemos de tudo aquilo que temos e passamos a viver de forma mecânica. Como aconteceu com Abrahão, que tanto desejou aquele filho, de quem acabou se distanciando, assim você também o faz. Se deixa tomar pelo esquecimento, vivendo de forma repetitiva, sem agraciar a vida que lhe brinda a cada instante com uma nova respiração, com um novo batimento do coração, com um novo minuto de esperança.

Mas Abrahão era um homem especial, que veio ao mundo com um propósito e, para pessoas assim, como ele e como você, o repetitivo e a monotonia não são opções de vida plausíveis. O homem precisa superar obstáculos, celebrar a vida, transformar-se. Havia, portanto, a necessidade de um chamado, que trouxesse a lembrança da preciosidade da existência.

Se você já acompanhou um amigo ou um ente querido em seus últimos momentos, sabe do que estou falando. O simples ato de respirar, ouvir, falar, sentir, já é algo que deveria nos trazer grande inspiração e desejo pela vida. Mas não costuma acontecer assim. Muitos se esquecem e deixam a vida passar. Por isso um chamado é necessário.

No entanto, quase nunca chega da maneira que gostaríamos que viesse. Costuma vir por meio de obstáculos, tristeza e outras formas nem sempre fáceis de se aceitar. Mas há uma regra: se você fugir da tristeza, também estará fugindo do chamado.

Portanto, a primeira coisa que lhe digo é que: não fuja da dor. Quando ela se anunciar, deixe-a se aproximar, lhe dê boas-vindas. Sinta-a por inteiro, não a evite. Esse é o grande risco de se utilizarem tantos remédios antidepressivos. Eles lhe aliviarão a dor por meio de um breve escape. Mas se você não se permitir conhecer sua tristeza, também não poderá se libertar da prisão feita por ela. Ficará ali, reprimida, como que numa panela de pressão. O que acontecerá quando você abrir a tampa?

É o que muitos fazem, ao se sentirem tensos, negativos, imediatamente procuram uma bebida, um cigarro ou outro paliativo qualquer para se ocupar. Tudo isso somente adia algo com o que, mais cedo ou mais tarde, você terá de se defrontar. Entretanto, se você se dispuser a atravessar esse portal e a entrar em contato com seus reais sentimentos e com tudo o que eles têm a lhe contar, algo muito significativo pode lhe acontecer.

O perigo é que, embora a tristeza precise ser vivida, não deve ser transformada em sofrimento, como *modus operandi*. Se você se tornar um sofredor, passará a cultuar traumas e frustrações. Isso é típico da atuação da mente, que compara, define e está sempre criando expectativas. E se você age assim, não há inspiração que resista. A vida se torna um carretel de problemas, um atrás do outro. Não há tempo para mais nada, exceto pensar em problemas.

PROBLEMAS

Se você já viveu algum tempo, sabe que os problemas sempre estarão presentes. Até mesmo no paradisíaco jardim do Éden, a serpente apareceu. E uma grande polêmica foi instaurada, não é mesmo? Afinal, quem foi o culpado pela ingestão do fruto proibido?

As pessoas vivem criando problemas. Fazem isso porque sem eles se sentem vazias e entediadas, então criam inúmeros problemas para terem com o que se ocupar. Assim acreditam que a vida é uma imensa batalha e que muito trabalho precisa ser realizado. Isso acontece com você também.

Você troca de psicoterapeuta, de médico, de mestre, de parceiro e, ainda assim, nada resolve. E não vai resolver enquanto você não perceber que o único problema que realmente existe é a falta de contato com o momento presente.

A grande maioria de seus problemas é resultante de criações de sua própria mente. Por causa dela você acredita que será muito feliz ao se libertar de um ou outro problema, mas isso jamais acontecerá, porque essa forma de pensar associa a felicidade a um evento futuro e isso não acontece. A felicidade nunca chegou a ninguém por meio de um evento externo.

Ela só acontece quando você muda o foco e percebe o mundo ilusório a sua volta: a ilusão do ego. Se você sai do mundo dos pensamentos intermináveis e se permite desfrutar da vida acontecendo aqui, agora, percebe o quanto esses problemas são falsos. São apenas ilusões criadas pelo ego para convencê-lo de que você precisa ser um grande vencedor. Mas quem você precisa vencer?

Bem, pode ser que você tenha algum problema realmente sério. Mas será que a grande maioria deles é tão grave assim? Por que então você os carrega para onde quer que vá? Mesmo as questões mais graves precisam estar com você 24 horas por dia?

Esse é um ponto fundamental e precisa ser sempre lembrado, como um mantra, todos os dias. Caso contrário, as distrações podem fazer você acreditar novamente que só poderá ter paz quando resolver um ou outro problema.

Você tem algum problema neste exato instante? É provável que tenha coisas para resolver amanhã, no próximo mês, compromissos assumidos. Mas há algo que o impeça de viver plenamente este momento?

O APEGO AOS PROBLEMAS

A entrega ao momento parece mesmo inspiradora. A ideia de deixar tanta carga mental de lado. Mas o que fazer com as responsabilidades, com as pendências a serem resolvidas?

Se você acreditar que toda sua inspiração virá no momento em que estiver livre de problemas, ela jamais chegará. Os problemas não acabarão em nenhum tempo futuro. O único tempo em que você pode se libertar deles é o aqui, agora. Entretanto, para que isso aconteça, você precisa estar disposto a se desapegar de tudo que o tira do estado de presença.

O apego aqui é um tema central. Não é por acaso que ainda nesta mesma porção da Bíblia há uma outra história, significativa, que fala sobre o apego ao passado.

Enquanto Abrahão vivia em Canaan, seu sobrinho, Lot, habitava a cidade de Sodoma, um gueto conhecido pela perversão e falta de valores morais. A cidade estava às vésperas de ser destruída, e dois anjos surgiram para salvar Lot e sua família. Eles os orientaram a sair rapidamente da cidade e avisaram: "Não olhem para trás!" Saíram todos apressados, mas a esposa de Lot não resistiu, se virou para observar a cidade em chamas, transformando-se imediatamente em uma estátua de sal.

Mais uma vez é preciso ler nas entrelinhas. A mulher de Lot "olhou para trás". Significa que, mesmo saindo da cidade, continuou apegada àquela forma de viver. Por isso, se petrificou, como uma estátua. A Bíblia introduz aqui o tema que seria a base dos princípios budistas, que surgiriam mil anos mais tarde: o desapego.

A ILUSÃO DO "SE"

Não há nada tão certo nesta vida quanto a transitoriedade do corpo e de tudo mais que preenche o universo físico. Mas mesmo sabendo que nada levará desse mundo, você se apega ao ilusório mundo material. Por isso, a primeira grande lição para que você possa viver inspirado todos os dias de sua vida é abandonar o apego ao passado e a tudo que você acredita poder ser influenciado por ele. O velho discurso do "se": "Mas se eu tivesse feito diferente", não gera nenhuma luz, não faz parte da linguagem da vida real e nos aprisiona muito.

Lembro de uma amiga muito querida e recheada de atributos positivos: bonita, alegre, inteligente e sensível. Um dia, um grande banco de investimento quebrou. Era o banco em que ela havia aplicado toda sua reserva monetária, deixada como herança pelo pai e utilizada mensalmente para equilibrar suas despesas. Assim, ela não apenas ficou sem aquela reserva, mas também sem ela mesma. Perdeu a alegria, se tornou cabisbaixa, triste. Isso porque não aceitava o fato de que o criador pudesse colocar em seu caminho tamanho problema. Tornou-se uma estátua de sal.

Mas uma grande questão é: já aconteceu. De fato, não há motivos para comemorar, mas será que realmente nada sobrou? No caso dela, posso garantir que, no mínimo, ainda havia uma linda família, saúde excelente, bons amigos e todo um potencial para reconstruir seu mundo material.

Histórias como esta são muito comuns, e a lição primordial é sempre a mesma: não insista em olhar para trás, não queira transformar o próprio passado, abandone o culto ao "se": "se eu tivesse esperado um pouco mais...", "se eu não tivesse agido assim..." Muito melhor seria colocar o foco no que há por vir, ou melhor, no que está por vir agora, neste momento.

Prática meditativa

Experimente fazer este exercício agora. Abandone, de uma só vez, toda a sua história pessoal. Então, respire três vezes, bem profundamente, relaxe o corpo e a mente e descubra que grande motivo para celebrar sua existência!

"EIS-ME AQUI"

O fato de estarmos aqui, concentrados, facilita muito essa sensação de paz que aproxima do divino. Seria possível obter o mesmo grau de consciência no dia a dia?

Se você acessar o aqui e agora, descobrirá que a divindade está em absolutamente tudo. Sim, porque você pode acreditar que Deus só esteja nas lindas paisagens, nas pessoas ditas iluminadas, nos momentos de grande amor. Mas o fato é que ele é onipresente e esta foi a grande descoberta de Abrahão: o Deus único.

O monoteísmo se tornou malcompreendido pela maioria das pessoas porque, muito mais do que o culto a um Deus único, fala sobre a presença de Deus em tudo o que existe. Imagine um quebra-

32　　Aqui, Agora

cabeça. Você abre a caixa e vê aquelas 2 mil peças soltas. Parece um caos. Mas então alguém se propõe a montá-lo e você descobre que ali há uma linda paisagem. Essa é a essência da unicidade, também o propósito mais elevado de nossa existência: revelar a porção divina em tudo que existe.

A luz de Deus está em tudo. A nossa capacidade de extraí-la é que varia. Mestres como Abrahão, Buda e Jesus vivem continuamente inspirados porque conseguem extrair a luz de todas as pessoas e de todas as situações.

Quando Jesus dizia: "Amai a Deus sobre todas as coisas", queria ensinar que tudo o que existe carrega uma porção divina que precisa somente ser revelada. Está no ar que entra e sai de nosso corpo, no gesto amigo, no sorriso de uma criança, no nascer e no pôr do sol, na brisa do vento e em uma infinidade de coisas simples e miraculosas que podem ser desfrutadas a todo instante. O encontro com Deus é o poder oculto que se revela no momento presente. Repare que a palavra é poderosa e traz por si só a chave de toda a libertação: "presença".

Foi esta visão que Abrahão pôde recuperar, ao se deparar com um obstáculo que aparentemente lhe parecia intransponível. Desejava muito o filho com Sara, mas depois que ele nasceu e cresceu, deixou de celebrar aquela relação. O filho se tornou mais um objeto de seu "ter". E nós sabemos o quanto o ter e o desfrutar são verbos diferentes.

Foi diante do sacrifício de Isaac que ele pôde ouvir o chamado. Precisou passar pelo portal da tristeza, mas foi através dele que se deu conta de que se tornara um apegado. Então, voltou a perceber a bênção que era a simples existência de seres tão amados a sua volta. Descobriu o quanto a vida se torna mágica quando a celebramos de forma inspirada.

É por isso que o Eterno chamou-o pelo nome, para que ele pudesse lembrar quem realmente era. A mesma voz que lhe anunciara o filho desejado, agora lhe pedia o sacrifício deste filho. Era a prova de sua fé, de sua entrega, um teste de sua autoanulação. A voz chama-o pelo nome: "Abrahão, Abrahão!".

E ele responde: "Eis-me aqui."

Diferentemente do que se possa imaginar, não foi no alto do monte que Abrahão retornou ao seu estado iluminado, mas no exato instante em que ouviu o chamado e respondeu: "Eis-me aqui." Ali, ele lembrou quem era e que precisava sacrificar a preguiça, o repetitivo, o mecânico, para novamente descobrir o único momento em que a vida pode acontecer: agora.

Experimente dizer "Eis-me aqui", e o estado de presença o colocará em contato com a pulsação da vida, presente em cada respiração. Imagine se você resolver levar essa possibilidade a sério e decidir viver de forma realmente inspirada, todos os dias? Há um chamado para a vida neste exato momento. AQUI, AGORA! Você consegue escutá-lo?

Sugestão de pausa

Neste capítulo, falamos do estado de presença e de como ele pode trazer inspiração e desejo pela vida. Seria ótimo se, antes de seguir adiante, você pudesse respirar mais profundamente para sentir, agora, o quanto estar presente é transformador.

CAPÍTULO 2

ENCONTROS E DESENCONTROS

?

Perguntas relacionadas

- Não acontece de pessoas encontrarem grandes amores mesmo dominadas pelo ego?

- Você fala de um amor universal. Tenho dúvidas se esse tipo de amor pode ser aplicado ao relacionamento entre duas pessoas!

- O problema nunca está no outro?

- Como um mestre espiritual você também não dita regras para as pessoas encontrarem seus caminhos?

- O que dizer de relações já muito contaminadas por sucessivas crises do passado?

- Percebo a força de suas palavras, mas às vezes olho em volta e as coisas estão pesadas, são desgastes muito antigos de relacionamentos familiares, amorosos...

O INIMIGO Nº 1 DOS
RELACIONAMENTOS: A MENTE

A mente funciona por meio de dois subsistemas: afinidade e aversão. Dessa forma, está sempre concordando ou discordando. Se falo coisas que fazem sentido para você, sua cabeça mexe para cima e para baixo, mesmo que invisivelmente. Ou então balança para a direita e para a esquerda, se você discorda e condena. Mas o que a mente realmente sabe? Hoje pensa de um jeito, amanhã, de outro, e, quando vê, passou-se uma vida e você não sabe nada, continua trêmulo de medo diante das perdas e frustrações que invariavelmente lhe são apresentadas.

Se você quiser viver o amor em todas as suas possibilidades, precisará remover o controle de sua mente, porque é nela que habitam toda a tensão e todo o controle. E se você vive no mundo das expectativas, estará sempre vulnerável à decepção. O outro sempre será responsável por suas frustrações. Então precisará mudar de marido, de mulher, de mestre, de amigos. Por algum tempo funciona, mas a decepção logo retornará. Até o dia em que você descobre que ninguém mais pode decepcioná-lo, exceto você mesmo.

Os relacionamentos estão desmoronando a todo momento. Então perguntam se o amor desapareceu! Na verdade, nem chegou a existir. Era somente um teatro, um exercício de apego. Porque se for estabelecida uma condição para que ele exista, se há demandas, expectativas por um comportamento alheio, o amor não poderá acontecer. Mas se você aceita o momento como ele é, descobre que não precisa de mais nada.

Você deseja fazer algo realmente útil em nome do amor? Dedique-se a encontrar a fonte, o ponto central dentro de você onde o amor transborda. Quando você o encontrar, jamais faltará com quem compartilhá-lo. É sobre esse tema que se desenrola uma nova narrativa da Bíblia.

O ENCONTRO DE ISAAC E REBECA

Sara, a mãe de Isaac, morreu, deixando o filho sensibilizado com a perda. Abrahão decidiu enviar seu servo mais querido para buscar uma esposa para o filho. Rumo ao cumprimento de sua missão seguiu o servo, acompanhado de dez camelos. Ao chegar à terra destinada, ele se deparou com um dilema: como deveria proceder para escolher a esposa de Isaac? O pensamento não lhe trazia qualquer resposta, então começou a orar, até que a obteve: a futura esposa de Isaac deveria mostrar-se uma mulher benevolente.

Logo após, ao aproximar-se de uma fonte de água, deparou-se com uma linda e educada moça, que se ofereceu para servir água não somente para ele, mas também para todos os seus camelos. Era o sinal de que estava diante da nova matriarca. Quando Rebeca chegou, Isaac estava meditando no campo. Os dois se olharam e, à primeira vista, se apaixonaram. Teria sido sorte?

"Isaac estava meditando no campo quando a mulher de sua vida chegou."

Preste atenção ao texto e observe o estado de espírito de Isaac às vésperas de conhecer sua nova esposa: sem ansiedade, dúvida ou medo, ele estava vazio, puro, conectado com o momento, totalmente receptivo. Como um ímã, pronto para atrair o semelhante. Poderia haver recipiente melhor para se encontrar um grande amor?

O encontro de um novo amor para Isaac aconteceu sem qualquer expectativa. Ele meditava no campo, confiante no plano da existência. E com quem se deparou? Com uma linda e serena mulher, sua alma gêmea.

É como funciona. Por uma questão de afinidade, encontramos sempre alguém com estado de espírito semelhante. Procure esvaziar, permita-se estar em paz e atrairá pessoas com essa mesma sintonia. Mas se ambos procuram um relacionamento impulsionados pelos desejos do ego, não há como dar certo. Se os casais compreendessem isso plenamente, teríamos muito menos conflito no mundo.

O AMOR QUE TRANSFORMA

Mas não acontece de muitas pessoas encontrarem grandes amores mesmo dominadas pelo ego?

As pessoas, em sua grande maioria, não têm a mínima ideia do que é o amor. O amor verdadeiro é um dos fenômenos mais raros de se encontrar. As pessoas conseguem, quando muito, senti-lo através de flashes, nos raros momentos que escapam do turbilhão de pensamentos de suas mentes.

Chamam de amor o que na verdade é somente apego: "eu te amo, mas continue a agir como eu espero, porque se me decepcionar, vou odiá-lo!". Esse é um texto comum. Você sabe que o amor pode virar ódio a qualquer momento, assim como o ódio também pode se transformar em amor.

Isso aconteceu com um homem que se chamava Saul. Ele odiava Jesus e o cristianismo. Assim, dedicava sua vida a atacar os cristãos e tudo que lembrasse o nome de Jesus. Tinha um ódio gratuito, total e absoluto que, aos poucos, se tornou uma obsessão. Passou a dedicar sua vida a pregar que Jesus era um hipócrita, um bastardo.

Um dia, um milagre aconteceu. Ele estava só, em meio ao silêncio de uma noite escura, quando Jesus lhe apareceu, frente a frente, e lhe perguntou: "Por que você me persegue desta forma?". Aterrorizado, ele se jogou ao chão, implorando perdão. Quando olhou novamente, a imagem de Jesus havia desaparecido, e junto com ela também partira o velho Saul.

A partir de então, tornou-se o maior dos seguidores de Jesus. Passou a amar o mestre profundamente. Sua transformação foi tão grande que ele mesmo mudou o seu nome: agora chamava-se Paulo. E foi ele, não Jesus, quem criou a Igreja católica.

Teria realmente Jesus aparecido diante de Paulo ou a visão que personificava aquela imagem era apenas fruto de sua própria consciência? Não há resposta para esta pergunta, se o que aconteceu foi um evento sobrenatural ou psíquico. O grande fenômeno em questão foi a transformação do ódio em amor. E esse é um grande acontecimento.

Uma vez que ame, não faz qualquer diferença quem é o objeto de seu amor. O amor é uma possibilidade interior que, uma vez atingida, pode ser direcionada para Jesus, Gandhi, Buda, para qualquer ser. O milagre foi o nascimento do amor em um homem que aparentava ser tão carrancudo, tão mau. E ao conhecer o amor ele se transformou em um novo homem.

O AMOR QUE LIBERTA

Você fala de um amor universal, mas tenho dúvidas se esse tipo de amor pode ser aplicado ao relacionamento entre duas pessoas!

A ideia de que existem diferentes tipos de amor é apenas mais uma ilusão da mente. Podemos compreender melhor esse conceito pelo entendimento da palavra "amor" em hebraico: "ahavá", que possui a mesma numerologia da palavra "unidade", echad. Ou seja, são forças equivalentes: o amor e o estado de unidade.

Isso é significativo e explica por que somos tão motivados pelo amor: porque quando duas pessoas se encontram, de fato, repletas de desejo de doação, dois fragmentos de alma se unem e formam um só.

Esse é o fascínio do encontro amoroso. Mesmo que por alguns segundos, torna-se possível o abandono da escravidão do ego para o encontro de um ser maior. E tal sensação proporciona prazer e alegria muito superiores aos objetos do mundo material.

O amor é o que há de mais eterno em toda a existência. Quando você ama, pode mergulhar no outro e conhecer o infinito dentro de você. Se você já amou de forma realmente total e pura sabe que o outro se torna tão importante, tão especial, que você deixa de existir. O antigo "eu" se vai. E é preciso coragem para isso.

Já o sentimento de posse destrói o amor: ao estabelecer condições, você se torna o centro do relacionamento, e o outro se torna apenas periferia. Se o outro se torna um meio para a sua satisfação, você tem prazer através dele, se realiza através dele, mas o amor não acontece. Para que aconteça é preciso uma completa fusão e a consequente morte do "eu".

Nenhum encontro pode ser real se for através do ego e da mente. Por isso é difícil para a maioria das pessoas: elas querem controlar, ditar as regras. Acreditam que o problema está no outro e procuram solucionar os impasses modificando o outro.

A ARTE DA DISSOLUÇÃO DOS CONFLITOS

Você está dizendo que o problema nunca está no outro?

Não. Digo apenas que você jamais poderá resolver seus problemas mediante a cura do outro, pois isso é apenas mais uma ilusão do ego. Tudo que você pode fazer é para sua evolução pessoal. Quando você se libertar da identificação com a mente, com o futuro e com o passado, se sentirá tão bem que nada mais poderá incomodá-lo.

Em outras palavras, sempre que você sentir raiva de seu parceiro afetivo ou vontade de transformá-lo, é sinal de que você não está de fato presente. É simples entender: se há um conflito entre vocês, é sinal de que o estado de presença se foi e você retornou ao mundo da mente, identificando-se mais uma vez com uma posição mental.

Por outro lado, se você atinge a libertação da mente, o desafio deixa de ser seu e passa a ser daquele que vive em função do ego. Afinal, como ele poderá encontrar seu alimento, que vem sempre por meio de disputas, ciúmes, maledicência e todas as demais formas de negatividade que o sustentam?

É preciso acabar com o jogo do acusador e do acusado, do agressor e da vítima, do certo e do errado, do bom e do mau. Compreenda que o problema não está na aparente situação, mas no jogo da mente, na briga dos egos. Quando você para de julgar e começa a aceitar o outro como ele é, a porta do amor se abre.

Prática meditativa

Há um exercício muito interessante. Quando estiver em meio a uma discussão, desvencilhe-se do emaranhado de pensamentos e observe atentamente tudo que acontece: o tom de sua voz, sua respiração, o apego a sua opinião, o desejo de dar a palavra final e mesmo o tipo de energia que circula entre vocês, algo que vai além do conteúdo das palavras.

Ao experimentar essa prática, você vai descobrir que pode abandonar toda a sua reatividade ao desistir de dar a vitória a sua mente. Mas há um perigo: isso precisa ser feito com total humildade e verdade. Caso contrário, você pode entrar em um novo jogo do ego, observando o outro como inconsciente, reativo, se sentindo tão superior que nem precisa discutir mais nada, e não é nada disso. Trata-se de um gancho criado entre duas pessoas, onde você simplesmente deixa de se sentir um ser isolado em luta com o outro para se tornar componente de uma relação. E, para isso, é preciso abdicar do controle da mente.

Esse é um ponto fundamental, pois enquanto você acreditar que poderá solucionar sua vida através da mente, muito pouco poderá ser feito. A mente é composta por 1% de criatividade e 99% de total devaneio. Assim, é impossível transformar-se mediante um conjunto de regras.

O SER HUMANO É UMA EXPERIÊNCIA ÚNICA

Como um mestre espiritual, você também não dita regras para as pessoas encontrarem seus caminhos?

Vou lhe contar uma história. No caminho que percorri, estive com alguns mestres. Sou imensamente grato a cada um deles por terem gastado energia trabalhando pelo meu despertar. Lembro de um deles em especial, uma pessoa muito culta, carismática, querida, mas sempre ditava as regras para todos os seus discípulos, o que deviam e o que não deviam fazer. Era um homem muito conservador.

Ensinava que almas gêmeas deveriam ter sempre a mesma idade. Aquilo frustrava a mim e a outros que tinham diferença de idade para suas esposas. Fazer o quê? Tínhamos que nos contentar com o título de "alma complementar". Curiosamente, o mestre era casado com uma mulher da mesma idade. Pregava ainda um monte de outras coisas, segundo ele, baseado em interpretações das escrituras.

Um dia, o mestre surpreendeu a todos com a notícia de sua separação da suposta alma gêmea e, logo depois, com o casamento com uma moça muito mais nova. Ele parecia muito feliz com seu novo amor, que trouxe diversas mudanças em sua conduta. Muitas coisas proibidas passaram a ser permitidas.

Fiquei feliz por ele, que estava exercendo seu direito de se tornar uma "metamorfose ambulante", abdicando de "sua velha opinião formada sobre tudo". Não tão feliz pelos discípulos, que passaram boa parte de suas vidas seguindo regras impostas por um outro, cujas necessidades não eram as deles.

Aprendi muito com esse episódio. Principalmente o quanto é importante você ter um mestre, alguém que esteja a sua frente no caminho, que o oriente, mas também aprendi que ninguém pode ditar as regras para a vida do outro. Tenha o seu guia e seja muito agradecido a ele, mas não viva a vida através dele. Trabalhe, acima de tudo, pelo seu estado de presença, porque no agora não há lugar para dúvidas nem para interpretações nebulosas. É aqui que a realidade aparece, despida à sua frente.

Aproveite todas as oportunidades que a vida lhe oferecer. Permita-se experimentar tudo aquilo que ecoa em seu coração. Uns são estimulados pelo estudo da espiritualidade, outros pelas artes, outros pela música, outros pelo romance, outros por tudo isso. Cada ser humano tem sua maneira própria de existir. Uns são heterossexuais, outros, homossexuais, outros não ligam para sexo. Uns são mais corporais, outros, mais sentimentais, outros, mais intelectuais.

Cada ser humano é uma experiência única. Por isso, não deixe ninguém escolher por você sua forma de viver. Quando você aprende a se aceitar como é, o amor pode aparecer. Seja ele entre um casal, entre amigos ou entre mestre e discípulo. O amor nasce sempre a partir de uma possibilidade interior.

A PRESENÇA CURATIVA

O que dizer de relações muito contaminadas por sucessivas crises do passado?

Em um organismo saudável, emoções como raiva, medo e ressentimento não são duradouras. É como o alimento que você ingere e que dentro de algumas horas já terá se transformado, cumprido sua função e se libertado do corpo. Mas se você vive identificado com a mente, desconectado do corpo e do momento presente, uma emoção destrutiva pode permanecer retida por um longo tempo em seu organismo, como um câncer que se alimenta de toda a sua energia física e emocional.

Por acaso você fica com raiva de um peixe que ingeriu e lhe causou intoxicação? É claro que não. Por que então vai dedicar um bom tempo de sua vida à lembrança de emoções que já passaram, fruto de conflitos entre partes doentias de mentes humanas? Afinal, que grande sentido para a existência há nisto? Pense bem: se você sabe que um dia perderá o próprio corpo, para que perder seu precioso tempo de vida guardando um lixo emocional?

Um fato inusitado aconteceu em dezembro de 999. Às vésperas do novo milênio, diversas comunidades cristãs foram avisadas pelo vaticano que o mundo acabaria na virada daquele 31 de dezembro. O juízo final chegaria com data marcada: 1º de janeiro de 1000.

Muitos acreditaram realmente nisto, e então, alguns dias antes da fatídica data, pararam de trabalhar. Como não haveria tempo futuro para qualquer transformação, todos se apressaram em se abra-

48   Aqui, Agora

çar, beijar e perdoaram-se uns aos outros, os comerciantes fecharam seus estabelecimentos, começaram a doar o que tinham.

Originalmente, era apenas um plano da igreja, mas acabou surtindo um efeito bem diferente do esperado, pois as pessoas se tornaram felizes naqueles dias. Você já imaginou o que aconteceria se começássemos, neste exato instante, a viver em tal estado de presença, como se não houvesse amanhã?

O tempo do amor é sempre o agora. Abandone o passado e descubra que os conflitos não existem mais em lugar algum, exceto na sua mente. Da mesma forma acontece com o futuro. Que certeza você pode ter de que ele acontecerá e da forma que você espera?

UM REMÉDIO PARA TODOS OS MALES

Percebo a força de suas palavras, mas às vezes olho em volta e as coisas estão pesadas, são desgastes muito antigos de relacionamentos familiares, amorosos...

Você deseja um remédio para todos os males do afeto, para libertar todo o amor que está sufocado dentro de você? Experimente o riso. Não é por acaso que o significado do nome de Isaac, o protagonista desse grande caso de amor na Bíblia, é exatamente esse: riso.

O riso é um grande remédio. Pode curar praticamente todas as suas ansiedades e tensões, é um tipo de energia poderosa que não precisa de qualquer motivo para existir. Muitas vezes já me aconteceu de estar junto a um grupo e alguém começar a rir sem parar, de forma descontrolada. Logo outros acham graça e começam a rir também. Já vi pessoas rolarem no chão de rir, sem qualquer motivo aparente. E como isso é curativo, não é mesmo?

"Joãozinho tinha uma cabeça enorme. Um dia, seu pai mandou ele ir buscar uma carga que tinha encomendado:

– Meu filho, vai buscar a minha encomenda.

– Mas, pai, eu tenho um cabeção e todos vão zombar de mim.

– Mas, filho, você tem uma cabecinha tão pequenininha.

Joãozinho ficou contente e falou:

– Tá bom, pai, qual é a sua encomenda?

– São apenas 10 peras, 20 maçãs, 30 bananas, 40 pães...

– Mas, pai, como é que eu vou carregar tudo isso?

– Leva no seu bonezinho, filho..."

Se você se sente sem alegria é porque sua mente estabeleceu atalhos, pois a infelicidade existe a partir de uma moldura da mente. Repare como há pessoas que estão sempre infelizes. Você chega para ela e diz: "Descobriram a cura do câncer". Ela logo responde: "Pena que tanta gente não teve oportunidade de se curar antes". Você diz para ela: "Como você está bonita hoje!" Ela responde: "De que adianta ser bonita por fora, se por dentro estou apodrecendo!" São especialistas em transformar tudo em tristeza. Não conseguem rir nem mesmo de uma anedota como esta. São carrancudos porque perderam o contato com a fonte do amor.

O riso é uma possibilidade até mesmo para os momentos ditos "difíceis". Você já experimentou rir de si mesmo? Como um time de futebol, que num dia ganha, no outro perde, assim

50   Aqui, Agora

também somos nós. Entender plenamente isso é uma grande libertação, porque ao se dissociar do ego, você escapa do solitário estado de separação, e todos querem estar perto de pessoas alegres, divertidas.

A PRESENÇA E A PAZ DE ESPÍRITO

"Isaac estava meditando no campo quando Rebeca chegou."

No momento em que você se torna meditativo, toda a infelicidade desaparece. Essa é a própria essência da meditação. Ao escapar da mente controladora, você percebe quanto tempo foi perdido, criando infelicidade. Para que tanta energia desperdiçada?

O estado meditativo remove sua ansiedade e o traz para o presente, o que já é motivo para grande alegria. Este é o estado de espírito em que as maiores bênçãos acontecem. Não se trata de sorte, positivismo ou apego por algo perecível, que você ganha agora e vai perder adiante, mas de um encontro com a paz interior.

Os budistas explicam que a paz de espírito e a alegria são mais importantes que a felicidade, uma vez que essa também pode se tornar mais um objeto do apego. Você está feliz porque conquistou determinadas coisas em sua vida, mas quando perdê-las, perderá junto com elas sua felicidade. São como pontos extremos de uma mesma corda. Você se sente feliz por circunstâncias que em algum momento deixarão de existir. Se você depende de situações externas, estará sempre vulnerável ao mundo perecível, de natureza absolutamente impermanente.

Já a paz de espírito está relacionada a um estado original, natural. Não é necessário qualquer esforço ou acontecimento para que exista, somente o desapego de tudo aquilo que perece. Você tinha grandes projetos para o futuro, mas hoje eles perderam o sentido. Que diferença tudo isso faz diante da mágica da existência? A vida está acontecendo neste exato momento: AQUI, AGORA!

Sugestão de pausa

Quando nos libertamos da mente controladora podemos nos relacionar de forma muito mais verdadeira com os outros. Seria ótimo se, antes de seguir adiante, você pudesse, mesmo que apenas por um ou dois minutos, sentir a leveza e a alegria que surgem, naturalmente, no contato com o Aqui, Agora.

CAPÍTULO 3

O BEM, O MAL E A DÚVIDA

?

Perguntas relacionadas

- Por que é preciso lidar com tantos conflitos?

- Confesso que já tentei romper com determinados padrões de comportamento, mas, com o tempo, tudo volta a ser como era antes... Por quê?

- Quando os diversos eus começam a puxar, cada um para um lado diferente, tudo se torna muito mais difícil! Haveria solução para esse dilema?

- A prática de atenção ao aqui, agora, seria uma espécie de meditação?

O BEM, O MAL E A DÚVIDA

Uma vez recebi uma pessoa muito tensa, tomada por um impasse. Dizia que seu relacionamento afetivo estava em crise e não sabia o que fazer. Era um longo relacionamento, uma bela família, filhos, e agora se sentia encurralada. Não queria deixar o casamento naufragar de vez, mas também não conseguia abrir mão de toda a sua vitalidade, há tempos bloqueada. Eu a ouvia atentamente, intrigado por saber que era preciso escolher entre opções tão repletas de negatividade.

Mas esse é o território da mente. É assim que funciona. Há sempre uma dúvida que desgasta, remove sua energia, amedronta e, quando você vê, o paralisa. Possivelmente esta pessoa não faz uma coisa nem outra, não deixa a energia circular livremente, nem revitaliza seu casamento, se torna uma morta viva. Esse é um dilema comum, há milênios tema das novelas e dramaturgias. As pessoas se interessam, é claro, porque se identificam com os mesmos e infindáveis dramas.

Existe uma forma de desarmar essa ratoeira mental, e para isso é preciso abandonar o mundo da dualidade, sempre comandado por antagônicos e conflituosos desejos. Traga a consciência para o agora, desarticule os mecanismos lógicos, que nunca trazem solução, e procure tirar os escombros que se encontram entre você e a fonte de toda a sua inspiração. Perceba que a negatividade entra sempre pela via mental.

Diante de um casamento monótono, desvitalizado, a mente se desespera com a falta de solução e procura um mecanismo de fuga. Em vez de buscar uma solução construtiva e a reconciliação com uma pessoa que até aquele momento era tão amada, opta por um escape pela janela de emergência. E você sabe por que não funciona? Porque o problema não está na tomada de uma decisão, na escolha entre duas alternativas, mas em desativar o vilão responsável por todo o sofrimento: a mente excessiva.

Quanto mais fragmentado, dividido, partido, mais você sentirá esse conflito entre corpo e alma, entre instinto e mente, entre bem e mal. E isso vale tanto para os conflitos internos quanto para os conflitos com o outro, porque ambos são frutos de um mesmo estado: a ausência da consciência.

DIFERENTES INCLINAÇÕES

"Os filhos lutavam no ventre dela; então, ela disse: Se é assim, por que vivo eu?"

É sobre este complexo tema que fala agora a narrativa bíblica. Surgem dois novos personagens, filhos de Isaac e Rebeca. Embora irmãos gêmeos, Jacob é suave, contemplativo e busca os aspectos mais refinados da alma humana. Esaú é descrito como um guerreiro, reativo, "peludo", a personificação do homem animal, o puro instinto: "eles brigam desde o ventre".

Esaú era o primogênito, mesmo que por apenas alguns segundos de diferença, e, por isso, teria direito à herança patriarcal, mas ao tornarem-se adultos, Jacob mostrou maior capacidade para ser o sucessor do patriarcado. A mãe percebeu e formulou um plano para transferir a primogenitura.

Como Isaac já estava idoso e não enxergava mais, Rebeca se aproveitou e, enquanto ele esperava Esaú para lhe dar a bênção patriarcal, ela cobriu o corpo sem pelo de Jacob com uma pele de animal, para que o pai o confundisse com Esaú, e assim o abençoasse. O irmão mais velho chegou logo depois, e, ao se dar conta do que havia acontecido, jurou Jacob de morte.

Jacob se tornara um pecador. Neste dia, também descobriu ter inclinações negativas em sua alma e que, às vezes, elas se travestem com grande sedução. Ao perceber que optara pela mentira, uma grande tristeza tomou conta de sua alma. Mas será que alguém de fato escolhe o bem ou o mal?

Como todas as demais figuras bíblicas, Esaú e Jacob são arquétipos que vivem dentro de cada um de nós. As diferentes inclinações da alma aparecem, por exemplo, quando você jura abandonar um vício e logo em seguida resolve adiar a decisão. Ou quando você promete se dedicar mais àquilo que realmente importa em sua vida, mas logo volta a ficar encoberto pelo mundo aparente e ilusório.

A importância do tema é tão grande que ele dá origem ao primeiro conflito de toda a Bíblia, quando o homem e a mulher habitavam o paraíso e viviam em uma dimensão de puro amor. Estavam plenamente felizes se alimentando da árvore da vida e sabiam que podiam desfrutar de tudo, exceto da árvore do conhecimento do bem e do mal, desta não poderiam comer. Mas a serpente se infiltrou pelo ponto fraco da espécie humana, a mente. Então surgiram os questionamentos: "Quer dizer que vocês podem comer de tudo, menos da tal árvore?" "Mas por que Deus pode conhecê-la e vocês não?".

Há um grande mistério neste episódio, pois se existiam duas árvores e a primeira se chamava árvore da vida, por que chamar a segunda de árvore do bem e do mal? Se o bem era tudo o que havia, o correto não seria chamá-la árvore do mal?

Se fosse assim, ninguém jamais teria comido de seu fruto e tal árvore não representaria qualquer tentação. Afinal, quem buscaria conscientemente o mal para si? A grande confusão acontece exatamente porque ela carregava o bem e o mal mesclados.

Positivo e negativo são partes inerentes ao mundo em que vivemos, pois estão na própria origem da matéria, em cada coletividade, em cada ser, em cada átomo. Mesmo no alimento que você ingere, positivo e negativo precisam ser separados. Caso contrário, uma simples folha de alface se tornaria altamente tóxica. Os órgãos atuam em conjunto nesta direção, absorvem o que é benéfico para o organismo e expelem tudo o que não tem serventia. Mas esta separação, quando nos campos mental e sentimental, não costuma ser feita com facilidade.

Por perder a clareza do que é bom e mau para si mesmo, o homem passou a lidar com um elemento de grande desgaste, a dúvida. A grande maioria de nossas tensões se origina na dúvida: "Vou por este caminho ou por aquele?", "Sigo meu instinto ou minha alma superior?". Essa é a luta do ser partido.

Saber, a cada momento, qual direção tomar pode se tornar um elemento de grande gasto energético. Tanto em situações isoladas como na vida em conjunto, lutamos para identificar o caminho que leva à correção. No entanto, isso não costuma ser fácil exatamente porque o bem e o mal estão mesclados em tudo o que existe.

"Um religioso estava passeando pela floresta quando viu uma onça que corria em sua direção. Ele começou a correr e quando ela quase o alcançava, teve uma ideia brilhante. Parou, ajoelhou-se, ergueu os braços para o céu e começou a rezar:

— Senhor, faça com que essa onça se torne religiosa!

Então, a onça parou abruptamente, sentou-se e ergueu as patas para o céu. Ele, quase sem acreditar, pensou: É um milagre, o mal se

convurteu em bem? Mas a alegria durou pouco, pois, em seguida, ele
escuta a oração da onça:
— Senhor, abençoai essa deliciosa refeição!"

O território dos desejos é subjetivo. Sabendo disso, as religiões oficiais procuraram dividir os desejos em bons e maus, prometendo-lhe grandes recompensas no mundo vindouro se atuar de acordo com os chamados bons desejos. O grande problema em questão é que os escritores desses fictícios manuais da vida são alguns poucos sacerdotes, também escravos de suas mentes doentias.

Foram esses sacerdotes os responsáveis por uma das maiores tragédias da sociedade: a implantação de um juiz em cada ser humano. Um juiz que trabalha sete dias por semana, 24 horas por dia, condenando ao outro e a si mesmo. Esse é um problema de quase todos, pois independentemente de religião, nacionalidade, raça, há sempre uma força interna empurrando para a divisão, uma parte lutando para condenar a outra.

O corpo diz: "Você precisa me permitir o prazer instintivo, afinal, ele é parte de minha própria condição humana!" O espírito responde: "Se saciá-lo, colocarei abaixo toda a elevação da alma que conquistei até hoje." Intermediando a questão, sempre repleta de dúvidas, está a mente, como em um pingue-pongue interminável.

"A moça entra no confessionário e diz:
— Perdoe-me padre, porque eu pequei.

O padre pergunta:

– Diga seus pecados e será perdoada.

A moça diz:

– Ontem à noite meu namorado fez amor comigo sete vezes.

O padre pensa e diz:

– Pegue sete limões e esprema-os. E depois tome o suco, sem açúcar.

– Isso me livra do meu pecado? – pergunta a moça.

O padre responde:

– Não, minha filha. Mas pelo menos tira este ar de felicidade da sua cara!"

As religiões, as escolas, as estruturas políticas, são todas fundamentadas no sistema baseado na culpa, o que faz uma grande neurose tomar conta da humanidade. Quanto mais culpado, menos consciente. E se você seguir essa sistemática estará sempre dividido e acuado. Afinal, como lidar simultaneamente com forças opostas e com a imposição social que define como você deveria ser?

CONFLITOS INTERNOS

Eu adoro o estudo da espiritualidade, mas confesso que quando estou com uma mulher atraente, esqueço tudo isso, e me deixo ser tomado por um desejo intenso. Mas então, dependendo da situação, vem a culpa, como um cabo de guerra que me puxa ora em uma direção, ora em outra. Não seria possível me dedicar ao caminho espiritual sem ter que lidar com tantos conflitos?

Não há nada de errado no desejo pelo amor ou pelo sexo. Ou você acha mesmo que no ponto alto de um encontro amoroso deveria parar e se lembrar de textos da Bíblia ou de lições de Moisés ou Jesus? O grande problema é que você vive no mundo do "ou": espiritual ou físico, elevado ou animal. Será mesmo que tanto conflito é necessário para se viver?

Se você começar a se observar com mais atenção, constatará que sua mente é sempre dupla. Por um lado vale a pena, mas, por outro, não. Não sei se estou amando ou odiando. Eu amava de manhã, mas depois que me deparei com certo comportamento, agora odeio.

Melhor seria viver a vida em todas as suas possibilidades. Por que não se tornar um total materialista e um total espiritualista? Quando uma mulher está diante de você, convide tanto o seu ser animal como o seu ser elevado a estarem presentes. Então, não haverá qualquer razão para conflito.

Você precisará desistir dessa guerra se quiser desfrutar de tudo o que a sua condição humana lhe permite, se pretende fazer parte da grande celebração da existência. Um dia você precisa dizer: "Chega. Tenho vivido toda uma vida fora do presente, guiado por uma mente que não me trouxe paz de espírito. Trouxe-me muitas fantasias, algumas coisas que parecem valiosas, mas que vieram sempre com medo, ansiedade e falta de contato. Chega. A partir de agora vou viver desperto."

Faça isso e será impossível voltar ao antigo modo, porque este novo estado irá desfazer todas as ilusões da mente e o seu incansável comandante: o ego.

Tudo relacionado ao ego é falso. Se você viver de acordo com ele, estará vivendo em uma completa mentira. E o ego está na sua mente. Se você viver dentro dela, estará sempre intrigado, em dúvida, buscando sem encontrar. Somente ao se libertar dele você poderá experimentar o sabor da vida.

As respostas terão prazer em chegar até você; lhe mostrarão que o único conflito que realmente existe é entre a consciência e a sua ausência. Essa é a luta que se dá desde o ventre. A cada momento uma possibilidade: você pode estar vivo, presente, desperto, ou comandado pelos diversos "eus" que habitam a mente partida, em dúvida.

O CONFLITO PRIMORDIAL: PRESENÇA X AUSÊNCIA

Confesso que já tentei romper com determinados padrões de comportamento, mas, com o tempo, tudo volta a ser como antes...

A ideia de que você está escolhendo pode ser mais uma ilusão da mente, porque para escolher você precisa estar consciente. Mas como é possível se está tomado pelo conflito? Em estado de inconsciência o livre-arbítrio é apenas uma ilusão. Afinal, quem escolheria conscientemente o sofrimento, a infelicidade ou a dor?

Para escapar da prisão a estes padrões, é preciso seguir o exemplo daqueles que conseguiram, os verdadeiros mestres. Jesus disse: "Quem nunca pecou que atire a primeira pedra!" Há um grande conteúdo nesta frase memorável. Em primeiro lugar, é preciso entender que Jesus falava em aramaico e nesta língua a palavra pecado ("chet") é sinônimo da palavra mentira. Assim, o que ele realmente quis dizer foi: "Quem nunca mentiu que atire a primeira pedra!"

Jesus era um homem desperto, vivia em permanente estado de presença, e, por isso, foi capaz de aliviar o enorme julgamento que um grande número de pessoas inconscientes estava prestes a realizar diante de uma mulher acuada. Com uma única frase, conseguiu, mesmo que momentaneamente, arrancar aquelas pessoas do sono profundo.

Ele fez isso ao lembrar que todos nós, ao mentir, nos tornamos pecadores. Somos traídos pela própria inconsciência, quando assombrados pelas dúvidas da mente. Mas Jesus não era guiado pelo ego, vivia cada momento como se fosse o único, e, assim, pôde se libertar deste cabo de guerra entre corpo e espírito.

Depois dele, vieram outros mestres, de escolas espirituais compromissadas com a verdade, que também abordaram o tema de forma mais profunda. O russo Gurdjieff, por exemplo, dedicou a sua vida a esse estudo. Esteve com sufistas, com budistas, com cristãos, com cabalistas e com muitos outros, e então ele revelou: "A luta não é exatamente entre o bem e o mal, mas entre os diversos eus."

Ele explicava que o homem está em contínua mutação, o que faz com que seu "eu" não dure mais que alguns minutos, vai logo dando lugar a outro "eu", com outros interesses. Por exemplo, as pessoas acreditam que fulano, por ser um sacerdote, deveria agir de uma forma determinada, mas assim que ele sai de seu templo, outros "eus" aparecem.

O problema maior é que cada "eu" chama a si mesmo de "todo", e acaba se compremetendo, tomando decisões, fazendo promessas. Esse é o motivo pelo qual as pessoas raramente se mantêm em suas decisões. Fazem promessas no dia 31 de dezembro e as abandonam nos primeiros dias do ano seguinte.

O homem quase nunca conquista um "eu" supremo, total. A cada momento diz: "Eu estou determinado a deixar esse vício", "Eu tenho esse propósito de vida", "Eu amo essa mulher". E a cada vez o "eu" é um ser diferente. Um era movido pela emoção, depois entra outro movido pelo pensamento, então um terceiro, movido pelo corpo, logo depois um eufórico, seguido, finalmente, por um deprimido. E assim acontece continuamente.

A cada momento um diferente personagem aparece no comando, e as consequências podem ser devastadoras. O "eu" dominante sempre tem a ilusão de ser o "eu" total, mas enquanto ele toma uma série de decisões, os outros terão que arcar com as consequências. Você já imaginou o que seria de uma empresa em que cada funcionário fosse presidente por 30 minutos e durante esse tempo pudesse fazer o que quisesse? É assim que acontece na vida de quase todos.

O ser aparente do homem possui grande ambiguidade: amor e ódio, sinceridade e falsidade, fé e descrença, altruísmo e egoísmo, vaidade e humildade, determinação e preguiça. Essas e muitas outras características constituem o que chamamos de homem.

O TRABALHO SOBRE SI

Quando os diversos eus começam a puxar, cada um para um lado diferente, tudo se torna muito mais difícil! Haveria solução para esse dilema?

O trabalho sobre si é uma ferramenta indispensável neste sentido, porque nenhuma transformação será possível se você não conhecer melhor esses "eus". É preciso ter consciência deles para que algo significativo aconteça. Assim, compreensão teórica de pouco adiantará sem uma constante prática envolvendo a consciência. Uma prática fundamental é o exercício da observação.

Faça isso procurando se sentir mais presente, dando maior atenção à respiração e se comportando como um examinador. Quais são os pensamentos presentes? E as emoções? Que tipo de reação eles desencadeiam? Concentre-se apenas em testemunhar tudo isso, como um ser externo, sem identificação direta com esses processos.

Você pode testemunhar também o quanto o foco de sua atenção tende a se dirigir ao passado ou ao futuro: verifique se os pensamentos que passam na tela de sua mente são relativos ao agora ou se estão distantes desse momento. O importante é não julgar, não brigar consigo mesmo, caso contrário, estará realimentando todo o processo. Quanto mais você observar, menos conflito haverá. Lembre-se sempre disso: o conflito só sobrevive na ausência da consciência.

Toda a infelicidade, sofrimento, dúvida, todos esses "eus" partidos que tanto desgastam são alimentados pela sua própria inconsciência. Dessa forma, melhor do que entender intelectualmente é experimentar o estado de consciência. Faça isso colocando toda sua atenção no aqui, agora. Se você fizer isso, todo o conflito se dissolverá. Não há negatividade que sobreviva à sua presença.

Prática meditativa

Experimente agora essa presença. Faça isso dissolvendo, de uma só vez, todos os seus eus. Os eus mais positivos, os negativos, os que acreditam no futuro, os que o temem. Sinta este momento integralmente, aceitando a vida exatamente como ela é. Não faça isso por meio de um filtro da mente, mas simplesmente estando presente: AQUI, AGORA.

O ideal é começar pelas coisas mais simples: caminhando, na cama, assistindo à televisão, lendo um livro, durante uma refeição. Porque se você não conseguir praticar a observação e a não identificação com determinados "eus" em momentos de maior tranquilidade, como será possível em situações de grande desgaste, diante de conflitos acentuados?

Com o tempo você poderá aumentar a abrangência do exercício. Chegará o momento em que se verá diante de algo que julgava um

68   Aqui, Agora

grande conflito e irá naturalmente focar na respiração, buscar o estado de unidade e perceber que, além deste mundo ilusório, existe um mundo original, de total unidade. Se você se dedicar a isso, se tornará um fazedor de milagres, porque, bem diante de seus olhos, o conflito desaparecerá.

A MAIS EFICIENTE MEDITAÇÃO: AQUI, AGORA

A prática de atenção ao aqui, agora, seria uma espécie de meditação?

De fato, ela é mais eficiente do que qualquer outra técnica de meditação. Muito mais eficaz do que fechar os olhos 15 minutos diariamente para focalizar ou vocalizar um mantra. Não digo que esses métodos de meditação não sejam importantes, mas a questão é que se forem feitos de forma isolada, se tornarão mais um objeto da mente partida. E, assim, pouco adiantarão. Como não adiantam para milhões de pessoas que diariamente praticam meditação como apenas mais um de seus afazeres. Sentem um breve alívio e logo retornam ao mundo dos conflitos.

É melhor, portanto, fazer uma meditação ativa, que possa ser praticada nas mais diversas situações, inúmeras vezes ao dia. Procure criar o hábito de observar o seu estado mental, emocional e físico. Você pode fazer pequenas e silenciosas perguntas, tais como: "Como estou me sentindo neste momento?", ou "Qual o real propósito desses pensamentos?".

Isso pode ser revolucionário, porque lhe trará uma paz de espírito muito mais permanente e que não depende de acontecimentos externos. Se você realmente se dedicar à auto-observação, não como um exercício fortuito, mas como uma prática diária e constante, descobrirá aspectos de grande importância, como o quanto é vulnerável a situações externas e a determinados padrões de comportamento.

O exercício de observação, puro e sem interferência de julgamentos, é sempre acompanhado de uma grande recompensa, porque à medida que você se torna presente, a negatividade se esvai. E neste ponto se encerra o conflito entre o bem e o mal. No estado de unidade só o que existe é uma elevada percepção de tudo que é.

É possível que você precise treinar por um longo tempo até se tornar um ser meditativo, focado no presente. Talvez, inicialmente, essa consciência não venha a todo momento, mas é certo que os resultados surgem desde a primeira prática. E se há um momento ideal para romper com o padrão de inconsciência e iniciar a mais profunda transformação este é o AQUI, AGORA!

Sugestão de pausa

Antes de seguir para o próximo capítulo, procure ficar ao menos um ou dois minutos diante desta página, simplesmente respirando, de forma que os ensinamentos aqui abordados possam ser absorvidos por uma outra via além da mental.

CAPÍTULO 4

O ÊXTASE DA VIDA

?

Perguntas relacionadas

- Por que os momentos de êxtase são tão rápidos?

- Por que a vida é tão difícil? Não poderíamos viver em estado de alegria?

- De que forma podemos suportar a monotonia e os desafios e reencontrar os momentos maravilhosos que nos inspiraram inicialmente?

- A lembrança não é também uma forma de apego ao passado?

O ÊXTASE DA VIDA

Sócrates estava próximo de seus últimos dias quando disse: "Só sei que nada sei." Mas ele sabia muito, foi um dos maiores filósofos da humanidade. De fato, nem deveria ser chamado de filósofo, pois estes buscam compreender a vida através da mente, e ele, entretanto, era um homem da mais pura experiência; estudou muito, mas colocava em prática tudo aquilo que ensinava. E foi assim até seu último momento.

Através de sua experiência de vida, Sócrates descobriu que o maior tesouro da existência vem de um estado de não mente: no momento em que o ego desaparece, que a personalidade se esvai, você se torna puro e integrado ao todo. São momentos de não mente, de pura sensação, que trazem o maior dos alimentos para a alma.

Esse é o alimento supremo: o êxtase da vida, em estado de graça, de alegria, de comunhão com o todo. Nenhuma aflição, nenhum futuro, nenhum objetivo, somente a mais pura paz e integração com

74   Aqui, Agora

o universo. Todos já pudemos experimentá-lo, mas a maioria de nós não se conforma com a perda desta sensação.

Por isso tantas pessoas buscam as drogas, buscam o estado alterado de consciência, para fugir, mesmo que por alguns instantes, da escravidão de uma sociedade doentia. A intenção não é negativa, mas, sim, a forma, porque ao depender de um agente externo acabam se tornando ainda mais escravas.

A Bíblia fala sobre o encontro e a perda desse estado de êxtase quando narra um momento de crise aguda na vida de Jacob: jurado de morte pelo irmão gêmeo, completamente dominado pela dúvida e pelo medo, afastado da família, a incerteza diante do deserto, enfim, um momento caótico.

Ele estava ainda iniciando a solitária travessia pelo deserto, quando o forte calor, combinado à solidão existencial, o deixaram tomado pela fadiga. Resolve parar para descansar, deita no chão arenoso, ainda quente, colocando a cabeça sobre uma pedra, e sonha com anjos que sobem e descem por uma escada.

Diante de tal revelação, Jacob descobre que grande parte do mal que apontava no irmão estava dentro dele mesmo. É sempre assim: só conseguimos enxergar no mundo aquilo que já temos dentro de nós. Mas agora ele se desprendera de tudo. Não havia qualquer planejamento de futuro, o passado ficara para trás, tudo o que lhe restava era o presente. Ao acordar, Jacob diz:

"Deus estava aqui e eu não sabia!"

O DESPERTAR

O "acordar" aqui é significativo, porque aponta para o primeiro grande despertar de sua vida. Ele estava no seu pior, como acontece eventualmente com cada um de nós, quando tudo parece dar errado, quando não enxergamos uma forma de vencer as barreiras impostas pela vida. Neste momento, ele redescobre o ensinamento fundamental do avô Abrahão: "Deus está em tudo e em todos." Mesmo nos momentos mais difíceis, há algo de maravilhoso a ser revelado. Jacob estava diante do flash de seu primeiro despertar, que chegou exatamente quando parou de brigar e, exausto, se jogou ao solo. Então aconteceu!

O despertar de um homem é um momento de energia máxima, o clímax da existência. Quando acontece, surge um homem novo, inteiramente novo. A mente manipulada pelo ego deixa de existir, e, com sua ausência, o medo e a raiva desaparecem por completo. É o poderoso êxtase que vem com a plenitude do viver.

Por essa razão, os mestres orientais formulam quebra-cabeças sem solução para seus discípulos. Dizem: "Descubra o segredo da imortalidade oculto na sequência dos números primos." O discípulo passa anos buscando a resposta, o mestre reclama, diz que ele não se esforça o suficiente e quando ele desiste, cria espaço para acontecer.

Esse êxtase é comumente sentido em situações que envolvem grandes riscos ou mesmo perigo de morte. Uma vez, um sábio relatou sua experiência quando se via prestes a se afogar no oceano. No momento em que estava a ponto de perder a consciência e de deixar a vida, voltou à superfície e conseguiu uma respiração salvadora. Ele descreve então o supraestado de consciência que obteve simplesmente por se sentir vivo.

Vivo ele estivera desde seu nascimento, mas no momento em que sentiu o quanto, de fato, tudo pode se transformar a qualquer segundo, pôde experimentar a, até então, inédita sensação do estado de supraconsciência.

Ela vem no momento em que a mente se cansa, quando você joga a toalha e desiste de todas as alternativas racionais, de todos os métodos, porque descobre que a mente é incapaz de trazer a paz de espírito, esse sim, o néctar divino, a grande conquista.

A alegria do êxtase surge com o total agradecimento pela vida. Ainda que não saibamos exatamente o motivo de estarmos neste mundo físico, com que finalidade, para onde vamos, de onde viemos, é certo que há um propósito mais profundo para tudo isso. Se você experimenta essa sabedoria, conhece o êxtase espiritual, que só acontece quando você desiste do controle da mente e coloca o foco da sua vida no aqui, agora.

UM MODELO EM TRÊS ETAPAS

Já senti algo assim. É difícil traduzir em palavras a energia que senti.
Uma paz de espírito duradoura, um novo olhar para o mundo.
Mas logo voltei a me deixar tomar por um padrão vibratório baixo.
Por que esses momentos são tão rápidos?

Uma inspiração inicial, seguida da perda de toda a sensação e o desafio de voltar ao ponto de origem. Esse é um modelo que, se

O ÊXTASE DA VIDA 77

você observar cuidadosamente, constatará se aplicar a todas as situações da vida. Ele está codificado na Bíblia e fala de três etapas básicas da criação.

A primeira é um ponto inicial, um infinito onde tudo existia. Na Bíblia é descrito como "dia um". Diferentemente dos demais, que são descritos como "segundo dia", "terceiro dia" etc., esse não foi descrito como "dia primeiro". Um aparente detalhe, mas significativo porque indica que só o que existia era um "todo". Não havia necessidade de mais nada. Tudo que havia era um grande estado de unidade, que se bastava, um estado de puro êxtase, alegria, amor, de total unidade entre todas as almas, entre todos os seres. Somente a pura energia criativa, que hoje chamamos Deus.

Já a segunda etapa é totalmente oposta à primeira. Se na primeira tínhamos o todo, o uno, agora surge o fragmento; se só existia a imortalidade, agora temos a morte. São, de fato, completamente opostas: de um lado, o puro infinito, do outro, o finito.

Mas há ainda uma terceira etapa, talvez a mais misteriosa, que cria um vínculo entre os primeiros dois estágios. Ela surge mediante um movimento em direção ao ponto inicial. Aqui é possível o retorno ao êxtase da vida, não como fruto de circunstâncias externas favoráveis, mas por meio de uma energia muito mais permanente, uma paz inabalável, que surge no reencontro do ser com o divino.

Esse esquema pode ser aplicado a absolutamente tudo o que existe, porque tanto o micro quanto o macro respondem às mesmas leis físicas e espirituais. Fomos criados pelas mesmas leis que criaram o sistema maior da existência. Assim, não há como estudar o universo sem estudar o homem, nem como conhecer o homem sem conhecer o universo.

Na procriação humana, por exemplo, a figura do pai aparece na primeira etapa. Sua contribuição é mínima se considerarmos a matéria, a substância envolvida, o microespermatozoide. Mas é quando ocorre o êxtase do clímax sexual, fruto de uma suprema união entre dois seres.

Na segunda etapa, a mãe aparece com uma participação muito mais efetiva, quase total: o óvulo macro, todo o processo de gestação, culminando em um doloroso parto. Observe que nesta fase não há qualquer necessidade de participação paterna.

A terceira etapa se caracteriza pelo surgimento de uma nova vida. Aqui, os dois primeiros estágios se fundem para criar algo totalmente novo. Por meio da união do ponto um com o ponto dois atingimos o milagre da criação, o novo ser, que se manifesta no terceiro estágio.

O modelo se aplica igualmente aos relacionamentos afetivos. Em um primeiro estágio, o casal se conhece e se apaixona loucamente. Isto é muito inspirador, e quem já amou sabe do que estamos falando. A primeira semana de contato, a fusão de duas almas, é algo muito forte: os problemas desaparecem por completo, dando lugar apenas ao riso, à satisfação, à alegria.

Mas com o passar do tempo, surgem os desafios, as questões envolvidas com o pacto. As neuroses de cada um aparecerão e muitas vezes o amor não conseguirá resistir a esta avalanche. O desafio do casal será a recuperação do ponto inicial, onde foi fecundado todo

O ÊXTASE DA VIDA 79

aquele amor. Uma fusão muito maior poderá acontecer, não mais uma paixão envolta por um vislumbre da sorte, mas algo conquistado pelos dois: um amor escolhido.

O mesmo modelo se repetiu na vida de Jacob: um êxtase da revelação divina em pleno deserto, mas que duraria muito pouco, somente um flash. Após o sonho, ele seguiu em direção à cidade de Harã, onde foi morar com o tio, Labão, e suas filhas. Imediatamente se apaixonou pela prima Rachel e junto com a paixão se iniciaria seu calvário. Era o poderoso ciclo da vida se apresentando e trazendo, como de costume, o êxtase do despertar da alma, seguido de algo muito bom e, logo depois, uma grande provação.

Havia pouco ele tivera a visão da eternidade, do paraíso, que é o momento vivido de forma intensa, generosa. O contato com essa qualidade de energia foi tão intenso que a atração de sua alma gêmea foi imediata. Mas uma grande luta seria necessária para consolidar aquela paixão.

A provação começou quando o tio o obrigou a trabalhar de graça por sete anos para ter a mão de Rachel. Ao final do período estabelecido, o tio o ludibriou e lhe entregou sua outra filha, Lea, alegando ser ela a primogênita. Para entregar as duas, pediu mais sete anos, e assim foram catorze anos de trabalho gratuito. Quando ele pediu para retornar, o tio lhe disse: "Você pode ir, mas não levará nada do que temos aqui, nem um único boi." Jacob teria que trabalhar mais seis anos para juntar algum patrimônio. Foram ao todo vinte anos, até que pudesse se separar do tio para encontrar um despertar mais definitivo.

O RETORNO AO PONTO INICIAL

Por que a vida é tão difícil? Não poderíamos simplesmente viver em êxtase?

A Bíblia explica que em algum momento era assim. Vivíamos em um estado de absoluta unidade: o "dia um". Um momento anterior ao Big Bang da criação, quando todas as almas eram somente uma. Não havia disputa, um não precisava comer o outro para viver, não havia nem motivo para perdoar, simplesmente um puro êxtase, puro amor e paz de espírito governando o universo.

Por algum motivo, que transcende a capacidade de compreensão do intelecto humano, surge uma nova etapa, e a grande explosão acontece. Neste momento, o universo de uma só alma se fragmenta em trilhões de almas menores. Os novos seres surgem sem conhecer seu estado predecessor e, por isso, são acometidos por uma percepção dividida. É o que gera a ilusão do ego, onde eu sou um, você é outro, eu me preocupo com os meus problemas, você se preocupa com os seus problemas, como se isso fizesse alguma diferença. Cabe ao homem buscar o caminho de volta para casa, quando era possível viver continuamente de forma inspirada.

Na vida humana, você encontra a infância intimamente ligada ao primeiro estágio, ao êxtase da criação. Nessa fase, a inspiração é muito presente, pois o contato com a unidade é grande. Como o ego ainda não está formado, há espaço para brincar, imaginar, entrar na fantasia, no lúdico. Isto explica por que as crianças costumam ser tão mais espontâneas, tão mais felizes, por que riem e choram tão mais facilmente que os adultos.

O ÊXTASE DA VIDA 81

Mas depois vem o desafio da segunda etapa: a adolescência e a fase adulta trazem provações, trabalho, conflitos emocionais e senso de responsabilidade. E, assim, toda a pureza se perde. Quase todos os seres humanos passam o resto de suas vidas nesta etapa, e, com isso, toda a inspiração é removida. Apenas uns poucos se permitem caminhar para o terceiro estágio para construir o elo com o estágio inicial, onde é possível reencontrar a pureza, a inocência e o êxtase.

Esse é o segredo da vida: uma pessoa é inspirada inicialmente, depois perde a inspiração, e o grande desafio é lutar para voltar ao ponto inicial. A sabedoria total está dentro de você. Ela está e sempre esteve com você. No entanto, isso será perdido muitas vezes e você terá que trabalhar para recuperar: lembrar que a força criadora está e sempre esteve em você. É uma questão somente de recuperar esta relação, o terceiro estágio.

LEMBRAR DE SI

De que forma podemos nos utilizar desse modelo para suportar a monotonia e os desafios e reencontrar os momentos maravilhosos que nos inspiraram inicialmente?

O grande desafio da segunda fase, quando você enxerga de forma finita e limitada, e, assim, tudo se torna muito difícil, é lembrar da primeira. Essa lembrança é fundamental, é o combustível que permitirá que você não caia no total esquecimento, que pode causar a perda do estado de unidade, de êxtase.

Na vida de Jacob, após o primeiro flash do despertar, foram necessários anos de trabalho, prática meditativa e transformação de caráter. Durante este longo período, ele não teve outra revelação como aquela, mas não se importou. Criou laços, trabalhou, refez seu caráter, viveu intensamente cada momento de sua existência.

Trabalhar de graça tantos anos só fez aumentar o amor que sentia por Rachel. Aprendeu a amar Lea também e a conviver de forma pacífica e harmoniosa nesta difícil relação triangular. Assim como seu pai, Isaac, e seu avô, Abrahão, Jacob prosperou, aumentando significativamente o número gados do tio. Gerou ainda muitos filhos, divididos entre as duas esposas e duas servas.

Em seus anos de exílio, aprendeu a vencer essa força gravitacional que puxa o homem para baixo, que o impele em suas inclinações mais negativas e que se opõe à elevação de sua alma. Foi enganado, lidou com conflitos familiares, mas nada disso impediu-o de se tornar melhor a cada dia.

Se pensasse a todo instante que ainda faltavam seis anos, cinco anos, para ter a mulher amada, seria uma pessoa imensamente infeliz. Mas não: vivia com intensidade cada momento. Fez amigos, formou seguidores, se tornou um personagem marcante, que influenciou a vida de toda uma comunidade, não por suas palavras, mas pelo exemplo de uma vida focada no presente. Mantinha viva a lembrança do flash de um grande despertar, quando lhe foi possível sentir a vida em toda a sua intensidade, diante do silêncio do deserto.

PRESENÇA: A CHAVE FUNDAMENTAL

A lembrança não é também uma forma de apego ao passado?

Imagine se você estivesse perdido em uma floresta em uma noite completamente escura, sem poder ver o caminho de volta e, de repente, um relâmpago imenso surgisse do nada, iluminando o caminho completamente, ainda que apenas por alguns segundos. Logo após, volta a escuridão total, mas aqueles segundos de iluminação podem ter sido suficientes para você vislumbrar por onde deve caminhar. Assim funcionam esses momentos de breve despertar, são como uma orientação para uma luz muito mais permanente, o caminho para a plenitude da existência. Não se trata de apego ao passado, somente de manter vivas as experiências de êxtase supremo.

A Cabala explica que há um registro deste estado de plenitude na alma de cada um de nós. É o que nos move e nos impulsiona a seguir em frente. Isso explica, por exemplo, por que as pessoas passam pelas situações mais trágicas e, ainda assim, continuam a seguir rumo a algo elevado.

Os sobreviventes dos campos de concentração da Segunda Guerra Mundial, por exemplo, foram forçados a conviver um longo período com o ápice da barbárie humana. Sofreram as mais brutais dores físicas e emocionais, perdas familiares, e, nessa época, ainda não haviam sido inventados os modernos antidepressivos que hoje adormecem a alma do homem.

Passados os anos de calvário, quase todos os que sobreviveram voltaram a lutar pela vida. Não se sabe com que força se reergueram.

Parece que realmente temos um registro de uma vida em êxtase no paraíso, quando era possível viver em contínua inspiração. Você pode acessar esse registro agora.

Prática meditativa

Encontre uma postura relaxada, abandone suas expectativas, descarte as tensões mentais e preste atenção à sua respiração. Torne-se mais consciente de tudo que acontece neste momento: o livro em sua mão, a temperatura, o ambiente a sua volta. Experimente, mesmo que apenas por poucos segundos, ficar nesse padrão de consciência e veja como isso traz algo inteiramente novo.

Em vez de longas meditações, procure se aplicar mais nesses curtos períodos de contato, várias vezes ao dia. Mesmo que sejam breves momentos, você sentirá o alívio que vem com a libertação do mundo das ilusões. Você pode fazer isso, também, enquanto caminha ou ao dirigir, prestando mais atenção a cada pequeno movimento, a seu padrão respiratório. Você se sentirá mais leve, presente e muito menos ansioso. Será gratificante fazer isso.

O contato com o êxtase permite o surgimento de uma nova mente, não a sobrecarregada de lixo mental, mas a criativa, que é

O ÊXTASE DA VIDA 85

capaz de inventar, compor, brincar, sempre de forma relaxada. E isso só acontece quando você se entrega inteiramente ao tempo presente. Por viver inteiramente no presente, sem qualquer expectativa em relação ao futuro, ciente de que estava sempre comandado por uma força muito maior, Jesus disse: "Eu sou o caminho."

Essa frase precisa ser compreendida. Ele era um mestre da prática, por isso não ensinava pela erudição, mas por seu próprio exemplo de vida. Queria mostrar que não há caminho para Deus, exceto pelo encontro do ser. O "eu sou" denota grande entrega ao momento e à vida como ela é, sem qualquer necessidade de mudança. Essa pequena frase é capaz de quebrar todas as barreiras mentais e de trazer de volta o êxtase da vida, que, quando chega, transforma tudo: cada objeto, cada paisagem, cada pessoa, tudo se torna novo.

Mas tenha atenção, porque isso pode decepcionar seu ego. Ele acreditava que era necessária uma solução complexa e, no entanto, trata-se de algo simples. Coloque seu foco no presente, e você criará grandes milagres. Experimente fazer isso AQUI, AGORA!

Sugestão de pausa

Procure colocar em prática algo do que foi falado aqui. A aceitação do momento exatamente como ele é, sem qualquer necessidade de mudança, quebra das barreiras mentais e traz de volta o êxtase da vida.

CAPÍTULO 5

A TRANSFORMAÇÃO

?

Perguntas relacionadas

- Se vou morrer um dia, qual o sentido da vida?

- Entendo que Israel e Buda tenham conseguido mergulhar neste espaço, mas acredito ser muito difícil para o homem comum penetrar em tamanha solidão!

- Haveria uma magia especial na troca de nome desses mestres?

- A iluminação aconteceu a pouquíssimas pessoas na história. O que o leva a acreditar que possa acontecer a uma pessoa comum, como eu?

- Gostaria imensamente de encontrar esse despertar, porque parece que os seres que atingiram a iluminação deixaram de temer a morte e, preciso confessar, tenho muito medo da morte!

A TRANSFORMAÇÃO

A ideia da despedida do mundo, a perda do corpo, o reconhecimento de uma absoluta falta de controle sobre o rumo das coisas. De fato, pode ser que a morte lhe pareça assustadora. Mas você já imaginou que pode não ser tão grave assim? Afinal, todos os verdadeiros mestres que penetraram nos maiores mistérios do universo falavam de maneira destemida sobre ela.

Jesus, Moisés, Buda, Yogananda, Krishna, todos foram unânimes em afirmar que a morte é tão somente uma etapa, o momento de migrar de dimensão. Assim como quando você sonha e ao acordar descobre que tudo aquilo se foi, que o palco agora é outro, quando abandona o corpo também se dirige a uma outra dimensão, a um novo palco.

Mas se existe algo pelo qual realmente valha a pena chorar, é a morte de cada momento. Aquela que ocorre quando você tem a oportunidade de viver, mas não consegue aproveitá-la plenamente.

O convite para a vida, para o despertar, está a sua frente, mas você não abre o envelope. Deixa-o esquecido na gaveta. É sobre isso que fala o novo momento bíblico.

Esaú caminhava ao encontro de Jacob, acompanhado de quatrocentos homens. Há um código oculto neste número. Quatrocentos é o valor da última letra do alfabeto hebraico, tav, que é associada ao término dos ciclos e também à morte. Portanto, a proximidade do confronto entre Jacob e Esaú aponta para um momento dramático, uma situação limite, que acontece também na vida de cada ser vivo: o enfrentamento da morte.

Jacob buscara grandes correções durante os vinte anos de exílio, mas agora precisaria se deparar com seus mais profundos medos e angústias. Ao anoitecer, ele se afastou das mulheres, dos filhos e, sozinho, caminhou para o deserto.

Aquela seria uma noite inesquecível. Acostumado a viver entre esposas, filhos e servas, o espaço agora era o da mais profunda solidão. Os pensamentos a respeito dos possíveis desdobramentos do reencontro com o irmão traziam ansiedade. O medo da morte crescia a cada minuto. Impotente diante de um futuro desconhecido, ele silenciou e entrou em profundo estado meditativo.

Naquela noite, Jacob assistiu ao filme de toda a sua existência. Um menino de bom coração, mas que nascera agarrado ao calcanhar do irmão agressivo. Precisou da proteção da mãe, de planos secretos, para receber algo que lhe era justo, mas que acabara chegando pelos braços da mentira. Depois, o exílio, o iniciático sonho que lhe apresentava o mundo dos anjos e, após vinte anos de trabalho, que envolveram reformulação de caráter, entendimento da lei do retorno e dedicação ao serviço espiritual, lá estava ele, prestes a reencontrar o irmão.

Diante da escuridão do deserto, Jacob entrou em transe; abandonou a velha consciência e se viu frente a frente com um anjo, pronto para enfrentá-lo. Vencer essa luta seria impossível. Ninguém jamais venceu, ao menos de forma definitiva, o anjo conhecido por levar o corpo físico de todos os seres vivos.

A luta entre Jacob e o anjo da morte perduraria até o amanhecer. E foi diante da exaustão, ferido gravemente na coxa, quando parecera chegar ao fundo do poço, que algo lhe aconteceu. Foi no momento em que entregou seu destino por completo nas mãos de Deus, ao resgatar uma poderosa frase do avô Abrahão:

"– Eis-me aqui!"

Junto com esse movimento de entrega total, o medo se esvaiu e Jacob deixou o velho ser morrer. Chegava-lhe a mais profunda das transformações: morria um homem e nascia um outro, totalmente novo. Isso acontece somente quando você para de se debater. Se você se move de um lado para o outro, como um pêndulo, se move da esquerda para a direita, da direita para a esquerda, do amor para o ódio, do ódio para o amor, nenhuma transformação será possível. O tempo passará, levando você como seu refém.

É preciso parar este pêndulo, no meio. E quando a consciência chega no meio do caminho acontece: o pêndulo para, junto com o tempo. E só pode acontecer no aqui, agora! O anjo reconheceu sua transformação, e já era manhã quando o abençoou com um novo nome: Israel.

Essa é uma das mais lindas passagens bíblicas. Fala do maior nível de coragem que um homem pode atingir: morrer sem perder a própria vida.

MORRER SEM PERDER A PRÓPRIA VIDA

Esse é o momento máximo na vida de um ser humano: quando ele deixa, voluntariamente, seu ego morrer, e permite o nascimento de um ser essencial, puro, que vem ao mundo para viver a vida em todas as suas possibilidades.

Um grande segredo é morrer antes da morte final. Se isso acontece, você acaba descobrindo o quanto a morte é a ponta final de uma ilusão: a libertação de tudo aquilo que não é você.

Se você começar a dizer sim à vida, a cada pequeno momento, a cada agora, a despedida final deixará de ser temida. Esse é o segredo. Trazendo consciência à vida, você a torna intensa e radiante. Por isso um homem iluminado não teme a morte. Não teme porque vive a vida com intensidade, como quem vai a uma festa e a aproveita do começo ao fim, dançando e se divertindo, e chega uma hora em que não se importa de ir embora. Valeu a pena.

Existe uma outra história, também muito interessante, de um homem que se transformou, deixando o novo nascer dentro de si. Aconteceu há cerca de 2.500 anos, na região conhecida hoje como Nepal. Um casal fazia amor quando teve uma visão. Nove meses depois nasceria o fruto daquele intenso amor: chamaram-no Sidarta.

O rei e a rainha, preocupados, pensaram: "Qual será o futuro de nosso único filho?". E foram aos astrólogos, que responderam: "Esse menino terá duas opções. Ou será um grande rei do mundo material ou será um grande místico." O rei ficou apavorado, porque se viesse a se tornar um místico o reinado se perderia. Então os astrólogos os aconselharam: "Procurem não deixá-lo ver morte alguma, jamais. Mostrem-lhe somente a vida."

Assim, todas as noites os servos limpavam todas as flores mortas. Qualquer um que adoecesse, mesmo que fosse o rei, tinha que se afastar. Quando ele entrou na adolescência, foi cercado das mais belas moças, todas sempre sorridentes. Então se casou com uma linda mulher e teve um lindo filho.

Finalmente chegou seu aniversário de 29 anos, e esta não é uma data qualquer. Importantes fenômenos astrológicos acontecem na vida de uma pessoa por volta dos 29 anos. Resolveram então fazer um festival em sua homenagem. Quando ele estava a caminho, junto ao seu cocheiro, se deparou com um velho muito doente. Então perguntou ao cocheiro: "O que é isto?". O cocheiro o amava e não podia mentir. Aliás, naquela região, até hoje, as pessoas têm grande dificuldade em mentir. Ele respondeu: "Isso é a doença."

Logo depois, ele viu um homem deitado no chão e todos chorando a sua volta. Então perguntou: "O que é isto?" O cocheiro lhe respondeu: "É a morte, o fim da vida." Ele retrucou: "Mas isso vai acontecer a mim também?" O cocheiro, carinhosamente, lhe respondeu: "Esse passaporte, todos recebemos assim que chegamos ao mundo."

Neste momento, Sidarta silencia. Fica assim por um bom tempo, até que, finalmente, faz a grande pergunta de sua vida:

"Se vou morrer um dia, qual o sentido da vida?"

Eis uma pergunta essencial. Naquela mesma noite, ele abdica de tudo o que tem, se despede silenciosamente dando um beijo na mulher e no filho, enquanto ambos dormiam, e vai em busca de uma resposta para esta enigmática questão.

Durante seis anos, ele busca os mais diversos mestres, permanece algum tempo com cada um deles, mas todos o mandam embora. Há um fato notável aqui, uma vez que comumente o mestre explica que, se algo não funcionou, foi por culpa do discípulo, que não soube fazer a coisa certa. Mas ele era um discípulo tão perfeito, fazia tudo com tanta submissão e afinco, que os mestres o liberavam pela que sentiam incapacidade diante daquele homem.

Passados seis anos, ele está muito magro, fraco, sem forças mesmo para atravessar um córrego. Então deita-se sob uma figueira e ali tem uma revelação, quando diz a si mesmo: "Se estou fraco mesmo para atravessar um córrego como esse, como conseguirei obter respostas para os grandes mistérios da existência?"

Logo após esta reflexão, que se desenvolveria posteriormente como o "caminho do meio", passa um homem e lhe oferece leite. Para surpresa de seus companheiros, ele aceita. Todos o criticam: "Mas como você toma um alimento de origem animal?". Sidarta não lhes dá importância. Os companheiros, decepcionados, deixam-no só. Finalmente ele adormece e tem um sono como jamais tivera em sua vida, aliás, em todas as suas vidas. Naquela noite, sua mente silenciou por completo e, quando acordou, era um novo homem: tornara-se Gautama Buda, "o iluminado".

O antigo homem desapareceu para dar lugar a um totalmente novo. Saía de cena o filho do rei, herdeiro de uma grande fortuna e com destino previsível, para dar lugar a um ser sem ego, sem limitações, pronto para assumir um papel na história.

Buda precisava realmente de um novo nome, porque não era mais o mesmo. O antigo homem havia morrido, dando lugar a um completamente novo. Era preciso celebrar o nascimento de uma nova consciência. Como Buda, Israel também se permitiu desapegar-se do velho Jacob e de todos os seus traumas. Agora, era um novo homem.

UM NOVO HOMEM: UM NOVO NOME

"Jacob não será mais teu nome, senão Israel, pois lutaste com um anjo de Deus e com homens e venceste!"

Seu novo nome, Israel, é especial. Uma palavra recheada de códigos, longe de indicar um espaço territorial, muito menos um grupo étnico. Ela aparece aqui, pela primeira vez na Bíblia, e contém códigos que revelam a força que vem com a transformação de um homem.

Um dos códigos revela que a palavra Israel, na língua original hebraica, é formada pelas iniciais dos sete patriarcas bíblicos:

Abrahão, Sara, Isaac, Rebeca, Jacob (Iacov no original), Rachel e Lea. Todos esses personagens desenvolveram virtudes que foram consolidadas no caráter de Jacob.

Há outro código também significativo envolvendo esse nome. Israel (ישׂראל) pode ser dividido em Iesh (יש)+ Rael (ראל), que significa, em hebraico: "Há 231." Esse é o numero de combinações em dupla, que podem ser feitas entre as vinte e duas letras hebraicas, base de uma das mais poderosas meditações cabalísticas, a meditação dos 231 caminhos. Alguns textos místicos revelam que, por meio desta meditação, realizada por dezenas de horas dentro de um círculo, como um relógio de letras, é possível a recriação da vida.

Foi neste círculo que lutou Jacob. Um círculo no qual é preciso estar só. Jacob entrou nele sozinho e se você também quiser trilhar o caminho do grande despertar, em algum momento precisará enfrentar sozinho seus medos e angústias, até que possa surgir o novo ser.

UM MERGULHO NECESSÁRIO

Entendo que Israel e Buda tenham conseguido mergulhar neste espaço, mas acredito ser muito difícil para o homem comum penetrar em tamanha solidão!

A solidão é um tema fundamental do trabalho de um enigmático mestre do século XX, que ampliou muito o entendimento ocidental sobre meditação. Chamava-se Bagwan Rajneesh e, embora fosse indiano, fez milhares de discípulos no Ocidente. Ele atraía pessoas das mais diversas religiões: católicos, judeus, budistas, espíritas, ateus e muitos outros, que ficaram fascinadas com seus ensinamentos práticos, baseados sempre em um conceito por ele denominado: "não mente".

Rajneesh, conhecido após a morte como Osho, explicava que o homem não pode se libertar enquanto assombrado por seus medos. Assim, precisa, em algum momento, se deparar com o espaço mais solitário de seu ser. O exílio é uma etapa fundamental neste processo e todos os mestres passaram por ele. Inclusive Jesus, que ficou fora de cena durante 17 anos, dos 13 aos 30 anos. Quando voltou, ele disse: "Larga o que é teu e vem comigo."

Um longo tempo foi necessário para ele perceber o tamanho da bagagem de coisas perecíveis que o ser humano carrega durante a vida. Não apenas os excessos materiais, mas toda forma de acúmulos, principalmente os mentais.

Foi na solidão que Jesus descobriu que só o que morre são as formas, as ideias, as ilusões. A realidade que existe diante do estado de consciência é imortal, sempre esteve e sempre estará lá. É preciso atravessar os "eus" superficiais para encontrar o ser mais íntimo, pois nele reside sua essência, o verdadeiro "eu", dissociado do ego.

E, neste lugar, somente você poderá entrar. Nem mesmo um mestre poderá o acompanhar nesta viagem. É o centro do círculo, onde só existe um ponto. Se houver algo a mais, então algo de periférico, superficial, ainda estará presente. Rajneesh dizia: "Você terá que caminhar só para o seu centro. Um mestre poderá lhe apontar o caminho, mas é você quem terá que caminhar."

Ele ensinava uma prática de meditação poderosa para aguçar essa percepção:

Prática meditativa

Feche os olhos e comece a se conscientizar do ar que entra e do ar que sai. Respire lenta e profundamente. Sinta o seu corpo se dissolvendo. A cada respiração você se dissolve um pouco mais. Conforme ele for desaparecendo, permita que os sentimentos e os pensamentos também morram com ele. Então, procure lentamente entrar em contato com o que está além de seu corpo, de seus sentimentos e de seus pensamentos.

Se você entrar fundo nisso, em algum momento observará que tudo se foi e você ainda está aí. Sua consciência não só permaneceu, como ainda está muito mais viva, presente.

O SEGREDO DE UM NOVO NOME

Haveria uma magia especial na troca de nome desses mestres?

Essa é uma questão fundamental, e precisamos abordá-la, visto que cada vez mais pessoas têm procurado a numerologia para trocar seus nomes, buscando sucesso profissional, afetivo e outros. No en-

A TRANSFORMAÇÃO 99

tanto, seguem o caminho errado e por isso não funciona. Primeiro é preciso transformar, deixar morrer o velho ser, apegado ao tempo passado e futuro. O novo nome só pode surgir com o novo ser. Por isso Jacob também recebeu um novo nome, porque de fato não era mais o mesmo.

Jacob ganhou um novo nome, assim como Sidarta ganharia o seu séculos depois. Esses homens se tornaram iluminados quando não mais se deixaram vencer pelo anjo da morte, que leva cada pequeno momento da existência e que o deixa preocupado constantemente com uma sensação contínua de falta, sempre acreditando no futuro. "Dias melhores virão" é uma ideia que agrada, porque lhe dá a impressão de que você está fazendo a coisa certa.

Você acredita na promessa do futuro. Aliás, você não. Quem acredita é a sua mente, porque o seu ser essencial não pode acreditar em tamanha bobagem. Assim, a mente segue prometendo: Você quer Deus? Eu lhe darei Deus, mas para isso você precisa se esforçar muito. Você quer amar? Eu lhe darei amor, mas é preciso esperar, até que sua alma gêmea apareça diante de você. Você quer alegria? Eu lhe darei alegria, mas primeiro você precisará se tornar próspero, até que possa viajar pelo mundo etc. Um dia acontecerá, então, você se tornará esperançoso.

Mas a base da esperança é sempre a insatisfação. Você não se sente feliz agora. Está cheio de tensões, sem motivos para agradecer, mal consegue respirar, então precisa de esperança. "Dias melhores virão." Mas eles nunca chegam. E você sabe por quê? Porque se algo tiver que vir, precisará ser agora. Os dias melhores já chegaram, você apenas não se deu conta disto. A grande transformação acontece quando você, definitivamente, percebe.

Naquela noite, Jacob percebeu, então se transformou em Israel. O novo homem agora estava pronto para partir ao reencontro com o irmão e, ao encontrá-lo, ele se prostra diante dele.

Pode parecer estranho que um homem iluminado se prostre diante de outro, mas ele aqui se utiliza de uma grande ferramenta de combate ao ego: a humildade. Mais ainda, ele estava, na verdade, se prostrando diante de Deus, uma vez que ele passa a enxergar o rosto de Deus no irmão, como em todas as demais criaturas. O resultado final não poderia ser diferente: o irmão o abraça e o beija.

Aqui há um diálogo que poderia passar despercebido no texto bíblico, mas é de uma riqueza impressionante. Israel oferece muitos presentes para Esaú: ovelhas, gado, servos. Esaú ameaça não aceitar, dizendo:

"Eu tenho muito."
Mas Israel insiste:
"Por favor, aceite, pois eu tenho tudo."

Esse é o grande diferencial de um homem iluminado. Ele não pode "ter muito", pois isso implicaria um estado de falta, de que algo a mais poderia ser acrescentado, ou mesmo perdido. Ele sempre "tem tudo", porque o momento por si só é divino, contém tudo que é necessário para sua completa presença. A vida é sempre radiante, viva.

A iluminação de um homem é um momento mágico, o clímax da existência, o mais glorioso momento possível, quando a mente manipulada pelo ego deixa de existir e, por isso, o medo e a raiva desaparecem por completo.

A passagem é bela porque fala do primeiro processo de iluminação da Bíblia, quando um ser repleto de deficiências luta pela correção de sua alma, trabalha por vinte anos em seu autoaprimoramento, e finalmente desperta.

A ESSÊNCIA DA ILUMINAÇÃO

Tal iluminação aconteceu a pouquíssimas pessoas na história. O que leva a acreditar que possa acontecer a uma pessoa comum, como eu?

Um homem iluminado é, em essência, um homem comum: se alimenta, trabalha, respira. Exteriormente não há qualquer diferença, o que muda é a qualidade interna. Vive o momento em todas as suas possibilidades, mas sem qualquer ilusão de perpetuá-lo. Embora possa ter tudo, ele não se apega a nada, pois conhece a natureza transitória do mundo. Se tem uma profissão, continuará a exercê-la, mas sem a tensão que vem com o apego, com os medos, como se tudo se tornasse uma grande brincadeira.

O homem que despertou é tão comum quanto qualquer outro. Talvez seja ainda mais comum, uma vez que não vive em função dos personagens do ego e, por isso, dificilmente será notado.

Portanto, é melhor que você esteja pronto, porque o despertar pode lhe acontecer a qualquer momento. Ele sempre o pegará de surpresa. Mas saiba que toda a sua dedicação, todo o fazer e todo o preparo apenas criarão as condições propícias para que aconteça. Se você acreditar que o seu esforço seja a causa, ou que virá por méritos de seu controle, isso colocará a mente no comando. Ela vai questionar: Mas não aconteceu ainda? Quando será? Se não foi ainda, estou mesmo no caminho certo? Isso trará mais tensão e deixará o despertar ainda mais distante.

Então você deve continuar trabalhando. Parece contraditório haver esforço para algo que só chega pela ausência de expectativas. Mas se houver preguiça, ele também não virá. Deve haver uma espera repleta de energia, de vida. Ela virá em um momento de entrega total, mas sempre de forma inesperada. Quando acontecer, você descobrirá que ele sempre esteve ali, mas você olhava em outra direção.

UMA NOVA PERCEPÇÃO DA MORTE

Gostaria imensamente de encontrar esse despertar, porque parece que os seres que atingiram a iluminação deixaram de temer a morte e, preciso confessar, tenho muito medo da morte!

O que você chama de morte, a perda do corpo físico, a morte final, poderia se tornar uma experiência de grande intensidade, ainda mais profunda que a vida. Mas isto será possível apenas para aquele que de fato conheceu a vida. Trata-se de uma experiência única, porque diferentemente da vida, que pode durar muitas dezenas de anos, a morte acontece em um único momento, como um flash, ou como a reta final de uma maratona. Se você a correu em todas as suas possibilidades, permitiu-se dar o seu melhor nesta cor-

A TRANSFORMAÇÃO 103

rida, o ponto final torna-se um pico de energia máxima. E, depois disso, é somente o término de uma corrida, pois muitas outras virão. O homem desperto enxerga isso claramente, sabe que início e fim são apenas conceitos ilusórios da mente.

Se houver uma entrega total, o momento final pode lhe oferecer a maior das meditações. E somente quem acendeu essa luz interna pode entender o nível de entrega de que estamos aqui falando. Se você viveu amarrado ao ego, esta entrega não será possível, e o momento de pico será perdido, dando lugar ao medo e à inconsciência.

O grande mestre Paramahansa Yogananda conheceu a entrega, descobriu a alegria que é uma vida solta das amarras do ego e, por isso, se dedicou a viver em estado de presença. Chegou o momento em que ele já havia conhecido os maiores mistérios desta vida, que já tinha influenciado muitas pessoas na busca de seu próprio despertar e, assim, quando realizou sua passagem foi da maneira que ele sempre havia anunciado, com tranquilidade e leveza. Aos 58 anos, deixou este mundo durante uma festa em sua homenagem na Califórnia, quando se sentou e entrou em sua mais profunda meditação.

Yogananda ensinou aos seus discípulos que a morte do corpo não precisa ser temida. Se há algo a temer, é a morte de cada momento, quando a vida, como um trem, está percorrendo o trilho diante das mais lindas paisagens, mas você nem percebe, pois está olhando para o outro lado.

Israel, Buda, Jesus, Rajneesh e Yogananda foram mestres que aprenderam a vencer o anjo da morte. Percorreram caminhos distintos, mas encontraram a mesma sabedoria essencial. Tornaram-se iluminados porque descobriram o ingrediente fundamental da iluminação: o estado de presença. Quando se vive plenamente cada precioso instante da existência, como esse que acontece AQUI, AGORA!

Sugestão de pausa

Quando a consciência chega tudo se transforma: cada objeto, cada paisagem, cada pessoa, tudo se torna novo. Isso acontece sempre que você para o pêndulo do tempo no meio e se torna presente. Respire fundo, olhe tudo em volta e veja a realidade que surge além dos pensamentos.

CAPÍTULO 6

PROVAÇÃO E PERDÃO

?

Perguntas relacionadas

- Por que coisas ruins acontecem a pessoas boas?

- Poderia o ser humano comum também suportar tais níveis de sofrimento?

- Como agir quando temos a oportunidade de mudar o nosso destino, mas também sabemos que não podemos falhar?

- O que dizer de situações que foram ocasionadas pela ação negativa de outras pessoas?

- Você acha fácil perdoar uma pessoa que o prejudicou, que lhe desejou mal?

O VALOR DAS PROVAÇÕES

A vida do homem é repleta de provações. Rico ou pobre, urbano ou rural, criado em uma família amorosa ou não, todos nós somos testados, às vezes duramente. Conheci um homem que passou por uma situação, no mínimo, inusitada.

Aconteceu exatamente no momento em que ele estava disposto a refazer sua vida. Acabara de conseguir um novo trabalho, o que lhe permitiria parcelar a dívida atrasada de sua pensão perante a ex-esposa. Confiante, se dirigiu à audiência no fórum judiciário para a qual fora convocado.

Ele explicou que a partir daquele mês poderia assumir a dívida total mas precisaria parcelar o débito em um ou dois anos. A advogada de sua ex-esposa consultou-a, mas ela, intransigente e muito ressentida, pediu à juíza que o colocasse na cadeia.

Ele foi imediatamente preso e levado para a delegacia mais próxima, no Centro do Rio de Janeiro. Como era sexta-feira, não havia tempo hábil para encontrar um advogado que pudesse ajudá-lo a sair daquela situação, e ele acabou passando três macabras noites em uma cela da Polinter.

Disse-me ter passado pela experiência mais traumática de toda a sua vida, em uma delegacia superlotada, com um barulho ensurdecedor e diante de condições absurdas de higiene. Cada cela, projetada inicialmente para 16 pessoas, abrigava cerca de 160 homens, sem ao menos um sistema de ventilação.

Ali, pôde conhecer o lado mais perverso da raça humana, mas também ter contato com pessoas de bom caráter, inocentes, que, por não terem qualquer condição financeira, passavam até sessenta dias presas, diante das piores condições possíveis.

Dias após ter sido libertado, estive com Roberto, que me contou cada detalhe com lágrimas nos olhos: coisas que para nós que vivemos aqui fora são quase inimagináveis. Percebi que sofria mais com a história dos outros do que com a sua própria, e várias vezes mencionou o quanto procurou oferecer algum conforto aos companheiros mais próximos.

Meses haviam se passado, mas ele ainda não se recuperara. Como lhe doía lembrar que lá existiam presos sem apoio da família, de um advogado. Seu corpo saíra da prisão, mas um pedaço de sua alma parecia preso à escuridão daquele lugar. Até este episódio, ele era um buscador, um homem que acreditava em algo a mais da vida.

No entanto, depois da traumática experiência, uma enorme questão o dominava. Ele perguntava:

"Por que coisas ruins acontecem a pessoas boas?"

Não é simples responder a essa pergunta. Existe o sistema de causa e efeito, o conceito de correções durante as encarnações da alma, mas não é fácil explicar de forma precisa uma questão que escapa do domínio do homem. Melhor responder de outra forma: As provações precisam mesmo se tornar um fardo em nossa vida? O próximo personagem bíblico, José, dominou como nenhum outro este território.

Diferentemente de seu pai, Jacob, José chegou ao mundo como um iluminado. Sua história, no entanto, é instigante, porque ele passa por provações, como nenhum outro personagem bíblico.

Desde pequeno José mostrava as qualidades próprias de um ser desperto. Aos 17 anos já era um mestre na arte da interpretação dos sonhos. Um dia, ingenuamente conta aos irmãos sobre um sonho em que todos se prostravam diante dele. Isso desperta ódio na maioria, e resolvem jogá-lo em um poço e depois o vendem como escravo para o Egito.

Lá, ele serve a um oficial chamado Potifar, de quem acaba se tornando um grande amigo. Tudo parecia melhorar até que a belíssima esposa de Potifar passa, insistentemente, a seduzir José. Ele se mostrou irredutível, e ela, com o orgulho ferido, inverteu a situação, acusando-o de assédio. Assim, José foi enviado para a prisão.

Marcante em sua história é o fato de ele passar por enormes provações, mas jamais perder o foco em seu propósito. Aqui aparece um conceito-chave, pois todo caminho espiritual possui uma palavra para designar o ser que atinge o despertar. Os budistas chamam esse ser de "iluminado", os católicos o definem como "santo", os cabalistas o chamam de "justo". E neste caso há uma diferença significativa, uma vez que o justo é assim denominado apenas após a sua morte. Há uma explicação.

Atingir o despertar da consciência não garante a alguém tal condição em caráter perpétuo, pois provações surgirão em seu caminho, e virão na forma de testes. Para alguns elas podem vir na forma da vaidade, para outros, pela perda material ou pela rejeição. Seja como for, qualquer um pode sucumbir diante delas.

No caso de José, ainda era muito jovem, tinha apenas 18 anos quando foi seduzido pela linda mulher de Potifar, mas não perdeu o foco e não se deixou levar. Como ser iluminado que era, conseguia ver além das cascas. Dessa forma, não enxergava a beleza em uma mulher que seduzia o empregado, amigo do marido, em sua própria casa. Diante de tantas provações, José aprendeu sobre uma lei espiritual que diz: "Quanto maior o obstáculo, maior a Luz."

Você provavelmente compreende, pois sabe que precisamos dos obstáculos que a vida nos apresenta, é por enfrentá-los e ultrapassá-los que nos fortalecemos e nos tornamos seres cada vez mais luminosos. Mas José trouxe maior profundidade a esta lei, porque normalmente você acredita que após vencer um obstáculo receberá luz. Mas ele mostrou ser diferente: Mesmo diante dos maiores obstáculos, já revelava luz.

Por exemplo, José foi vendido pelos irmãos e se tornou um escravo. Podia passar os dias se lamentando, culpando o destino, mas não, tornou-se um homem tão útil que passou a ser reverenciado pelo patrão. Fez amigos em todo lugar, mesmo na prisão, ensinando-nos que podemos estar presentes e agradecidos a todo momento.

A ENTREGA AO MOMENTO

Compreendo e acho muito bonito o que você nos fala. Mas poderia o ser humano comum também suportar tais níveis de sofrimento?

Nada do que falamos aqui pode ser aplicado ao ser humano comum, no sentido de que a grande maioria dos homens vive em estado de completo adormecimento. É preciso vontade de evoluir, sede por respostas e por novas perguntas. Se esse desejo estiver presente, todo esse conhecimento poderá ser aplicado em sua vida.

A palavra-chave no caminho da superação do sofrimento é a entrega. Se você sucumbir diante das dificuldades da vida, não poderá mais dar passo algum, se tornará uma pessoa apegada à dor e isso pode se tornar uma droga em sua vida. Mas você pode eliminar todo o sofrimento ao se entregar ao aqui, agora, aceitando o tempo presente como ele é, e em vez de brigar com o momento, você passa a tê-lo como aliado. Afinal, pense bem, por que gastar energia resistindo àquilo que é?

112   Aqui, Agora

A resistência acontece sempre no nível da mente que, tomada de expectativas, procura definir como a vida deveria ser. Isso gera grande desgaste, tanto no corpo físico quanto no emocional. No entanto, a vida raramente acontece de acordo com suas expectativas, o que cria o sofrimento: pela não aceitação. Se você compreende esse mecanismo, descobre que os maiores sofrimentos de sua vida não são provenientes da realidade, mas dos conflitos da mente, que se recusa a aceitar a vida da maneira como ela se apresenta.

O estado de não aceitação consome energia do corpo emocional, que, por sua vez, consome energia do corpo físico. É por isso que os hospitais em todo o mundo estão lotados. Também a causa de a indústria farmacêutica crescer 15% a cada ano. Neste mesmo terreno cresce a demanda pelas drogas ilícitas, visto que elas trazem um suposto alívio para as frustrações da mente.

Mas ainda não inventaram medicamentos que tragam cura ao sofrimento. Você por acaso conhece alguém que se tornou mais feliz pelo uso de antidepressivos? É claro que não, porque eles trazem um alívio temporário e um grande efeito colateral: a perda do estado de presença.

A entrega é o antídoto para toda a dor. E se entregar significa estar totalmente presente, uma vez que a maioria das formas de sofrimento surge através da ausência de consciência. Perceba que, esteja tudo bem, ou esteja tudo mal, a vida está acontecendo, aqui e agora.

Foi por se entregar completamente a cada momento que a oportunidade chegou à vida de José. Assim, quando o faraó do Egito sonhou com sete vacas gordas seguidas de sete vacas magras, as interpretações de seus magos não o convenceram e chamaram José, que, na prisão, havia feito fama como grande especialista na arte de interpretar sonhos.

Ele interpretou o sonho, explicando que as sete vacas gordas após as sete vacas magras anunciavam uma abundância de sete anos na terra, seguida de uma grande privação por igual período. A interpretação foi precisa, e José conquistou a confiança do faraó, que o nomeou governante do Egito.

Vendido pelos irmãos como escravo, assediado, caluniado e preso injustamente, jamais esmoreceu. Não se desesperava diante das provações da vida. E assim foi que de prisioneiro ele passou a primeiro-ministro do governo.

O EXERCÍCIO DA ACEITAÇÃO

Parecem-me tensos momentos quando temos a oportunidade de mudar o nosso destino, mas também sabemos que não podemos falhar!

Se você agir comandado pelo ego, momentos-chaves podem trazer, de fato, grande temor. Imagine que quando José foi chamado, este era um momento ímpar em sua trajetória. Ele estava preso havia muitos anos e se falhasse não teria mais qualquer esperança em sua vida. Mas José sabia que era apenas um instrumento a serviço de algo muito maior do que ele e que, por isso, foi bem-sucedido.

Esse é um ponto fundamental da entrega. Se você deixa de dar importância demasiada a si mesmo, se passa a reconhecer que há uma força muito maior, já existente antes de seu nascimento, e que continuará a existir após a sua morte, você descobre o quanto toda essa resistência é inútil.

Você deseja remover o sofrimento de sua vida? Experimente pegar cada situação que lhe traz incômodo e aceitá-la completamente. Mas é preciso parar de se debater, porque isso gera somente desgaste. Existe um exercício poderoso, que consiste em três etapas: respirar, testemunhar e aceitar.

Prática meditativa

Respirar: Na primeira etapa você começa a prestar atenção à sua respiração, concentrando-se no ar que entra e que sai de seu corpo. Somente isso, experimente respirar generosamente por um ou dois minutos, criando um padrão ritmado e agradável. Colocar o foco na respiração traz enorme tranquilidade, porque essa é a maior bênção, e a recebemos a cada instante.

Testemunhar: Reconheça os pensamentos que passam pela sua mente, mas evite a identificação com qualquer um deles. É preciso que você se convença que esse emaranhado de pensamentos não é você, que são apenas frutos de um mundo ilusório.

> **Aceitar:** Cumpridas as duas primeiras etapas, chegamos ao ponto fundamental: a aceitação. Faça isso aceitando o momento presente exatamente como ele é. E então desfrute da reconfortante sensação que surge com a libertação desta insana tentativa de controlar o universo.

Ao remover as expectativas da mente você descobrirá que toda a negatividade que envolve a sua vida acontece devido a sua ausência de presença. Criada pelo ego, ela alimenta toda uma "loucura mental" e desfaz a conexão com a energia criadora.

Essa prática lhe será tremendamente útil, porque você vai descobrir quantos motivos tem para ser feliz, aqui e agora. E se ainda assim o momento for insuportável, trabalhe para transformá-lo, mas evite jogar nos outros a responsabilidade de suas frustrações. Isso jamais ajudará.

O CUME DO CAMINHO: O PERDÃO

O que dizer de situações que foram ocasionadas pela ação negativa de outras pessoas?

Foi exatamente essa a saga de José, que por sinal ainda não terminou. Chegara o momento do reencontro com os irmãos, após 22 anos sem qualquer contato. Diante da impiedosa seca na região, o já idoso Jacob pede para os filhos irem até o Egito à procura de mantimentos. Ao chegarem lá, eles se deparam com José, mas não o reconhecem. José, entretanto, reconhece os irmãos. Então resolve testá-los de diversas formas, não para puni-los, mas para se certificar do quanto o caráter deles evoluíra, até que, finalmente, revela sua identidade, chorando, abraçando e beijando os irmãos.

Eles estranharam o perdão, pois sabiam do tamanho da maldade que fizeram a José, humilhando-o e vendendo-o como escravo. De fato, ele tinha motivos de sobra para não perdoá-los, mas preferiu ver a situação como um presente divino. Afinal, somente após ter passado por tudo que passou, ele pôde se tornar governante do Egito e, assim, salvar toda uma comunidade da seca e da fome. Ele diria aos irmãos:

"Acaso estou eu no lugar de Deus?"

O perdão é o ápice, o ponto máximo do caminho. Por meio dele você poderá remover todas as ilusões e descobrir que, em um nível mais elevado, bem e mal não existem, só o que existe é a consciência e a sua ausência.

Jesus vivia nessa dimensão, por isso disse: "Perdoai-lhes, eles não sabem o que fazem." Era um grande mestre. Desejava, deixar algo valioso para os homens, em seu último momento no mundo. E nada poderia ser mais precioso que um exemplo. Então, ainda que diante de uma provação máxima, quando era julgado por homens impiedosos e absolutamente inconscientes, se entregou ao momento e perdoou.

Jesus queria mostrar ao mundo o miraculoso poder da entrega. Para que tanta briga, por que se debater tanto? Se ele pôde

O PERDÃO NUNCA VIRÁ PELO ESFORÇO

Você acha fácil perdoar uma pessoa que o prejudicou, o desejou mal?

O perdão costuma ser muito difícil para o homem comum, que, em geral, precisa passar por longos períodos de sofrimento até finalmente compreender o poder de libertação que vem com a entrega. Mas é melhor que você primeiro entenda o mecanismo do ego. Se você se esforçar para perdoar, jamais o perdão acontecerá, porque o esforço fortalece ainda mais o ego.

O perdão acontece naturalmente quando você percebe toda a estupidez do jogo do ego. Para que tantos julgamentos e críticas? Por que tanto ressentimento por coisas que já passaram e não existem mais? Este é um ponto.

Observe que a falta do perdão é sempre sobre o passado. Tudo que você aprendeu sobre o perdão vem de lá. Por isso não funciona. Para aprender a perdoar, aos outros e a si mesmo, é preciso abandonar o passado, entender que ele não é real: só existe em sua mente, em nenhum outro lugar. Deixe a realidade penetrar a sua mente, e o passado se dissolverá. Assim, tudo será perdoado, porque toda culpa e julgamento são objetos da mente aprisionada pelo tempo.

O curso dos milagres diz: "O perdão é quieto e na quietude nada faz. Não ofende nenhum aspecto da realidade, nem busca distorcê-la para encaixá-la em aparências que o agradem. Apenas olha e espera, e não julga. Aquele que quer perdoar tem que aprender a dar boas-vindas à verdade exatamente como ela é."

Compreender plenamente a dimensão do perdão é atingir o segredo de uma vida física e emocional saudável e equilibrada. No entanto, a maioria das pessoas prefere optar pela separação, que se forma pelo orgulho e pelo apego ao passado. Assim, permanecem no mundo do sofrimento e do baixo padrão de energia.

Abra a porta do cativeiro e permita que seus ressentimentos partam e se desprendam de você. Compreenda que as mágoas só permanecem para sustentar um eu ilusório, o ego que se agarra a muitas posições mentais e o impede de enxergar plenamente a realidade. Por isso a sua mente não pode perdoar. Ela sempre encontrará os mais diversos argumentos para que o perdão não aconteça. Somente o seu verdadeiro ser pode perdoar.

PASSAR ATRAVÉS

Quando você para de resistir e deixa que a vida aconteça através de você, o perdão acontece. Há uma história:

"Buda estava meditando com seu discípulo quando um homem chegou e cuspiu no rosto do mestre. O discípulo se revoltou e esboçou uma reação. "Tudo tem um limite", disse ele, levantando-se e partindo em direção ao homem.

Buda ordenou que o discípulo ficasse sentado, limpou a face e disse ao homem: "Muito obrigado, você criou uma situação de

PROVAÇÃO E PERDÃO 119

teste, que poderia me causar muita raiva, mas não estou com raiva alguma, e isso me deixou muito feliz. Aliás, você criou um contexto no qual meu discípulo também pôde ser testado, e ele ficou com muita raiva. Muito obrigado, sempre que quiser venha até nós."

O homem ouviu aquilo e entrou em estado de choque. Era difícil acreditar que havia falhado em sua intenção de provocar Buda. Além disso sabia que não se tratava de um teatro: pelo semblante do mestre se via o quanto estava em paz, repleto de compaixão.

O homem foi para casa, mas não conseguiu dormir. Passou a noite rolando na cama, com grande culpa: "Como fui capaz de agredir um homem santo?" Ele estava mortificado com a ideia de ter cuspido em um homem que tinha puro amor em sua face. E a resposta do mestre martelava em sua mente a cada minuto: "Obrigado, quando quiser cuspir em alguém, venha a mim!". Passou a noite se perguntando como havia sido capaz de agredir um homem santo como aquele.

No dia seguinte, ele voltou e se prostrou aos pés de Buda, implorando seu perdão. O mestre então lhe disse: "Esqueça isso. Para que pedir perdão por algo que já aconteceu há tanto tempo?" Buda estava sentado sob uma árvore e apontou para a enorme cachoeira, que desembocava no pequeno lago diante deles. "Você está vendo? Olhe quanta água já passou por este lago desde que você esteve aqui comigo ontem! Quantas horas já se passaram e você ainda carrega algo que não existe mais?"

E completou: "Mesmo que eu quisesse não teria como lhe perdoar, porque em nenhum momento tive raiva de você. Nem mesmo meu discípulo poderia perdoá-lo, porque ele pôde descobrir, por meio do seu ato, o quanto ainda precisa se desenvolver espiritualmente!"

A história é bonita, elucidativa, mas impossível de ser compreendida pela mente, porque Buda não era um homem da mente. Repare que o discípulo, mesmo sendo um homem de busca, não conseguiu praticar a entrega e quis reagir. Já o mestre conhecia profundamente o poder da entrega, que surge quando, em vez de resistir, você permite que as coisas passem através de você. Desta forma, você deixa de se tornar um recipiente para a raiva, para a dor e para a maledicência.

Seria possível aprender, de forma prática, sobre tamanho desapego sentimental?

Um longo trabalho é necessário até que você possa realmente entender o significado de "deixar passar através". O ideal é começar a praticar com as coisas mais simples, como o noticiário da TV, o barulho no vizinho, um engarrafamento no trânsito. Com a prática você poderá experimentar deixar passar através de você até mesmo as maiores decepções e frustrações.

Prática meditativa

Procure uma posição confortável, abandone o círculo de pensamentos desconexos e procure, neste momento, deixar que tudo passe através de você. Lembre da imagem da cachoeira. Em apenas alguns segundos toda a água se esvaiu, já há uma água inteiramente nova.

AQUI, AGORA: O FUNDAMENTO DE TODA A ENTREGA

A consciência no momento presente possui enorme poder de transformação. Por meio dela é possível dissolver os ressentimentos, porque quanto mais presente você estiver, mais livre de todas as agruras do passado ficará. Esse velho lixo não lhe pertence mais, você vai se sentir muito bem quando jogá-lo fora.

Foi pela sua capacidade de perdoar que José reintegrou sua família. Com isso, ele pôde se reencontrar com o velho pai, em uma das cenas mais bonitas de todo o texto bíblico. Pai e filho teriam um encontro inesquecível.

122   Aqui, Agora

José, como Jesus, conheceu o perdão e também reencontrou o pai. Ainda que o pai que Jesus reencontrou não tivesse sido um homem, que diferença faz se o reencontro é com um homem ou com Deus? Só o que importa é a entrega ao amor e, quando se vive pelo amor, o ego não entra. Nesse momento se abre a dimensão do perdão.

Quanto ao episódio do amigo preso, ele acabou compreendendo que tudo pelo qual ele e outros passaram naquela prisão foi uma difícil parte das provações da vida. Não obstante, mesmo em uma situação caótica é preciso praticar a entrega. Veja que mesmo diante de condições sub-humanas, ele procurou ser amoroso e expressar sua compaixão pelos colegas. E isso faz toda a diferença.

Por outro lado, hoje ele não está mais lá dentro. Você também não está mais dentro de tantas prisões pelas quais precisou passar. Por que precisaria viver toda sua vida como se estivesse? É preciso praticar a entrega: o que passou, passou. Uma nova vida está acontecendo: AQUI, AGORA!

Sugestão de pausa

O tema abordado neste capítulo é profundo e precisa ser experimentado.
Procure fazer isso prestando atenção à sua respiração, concentrando-se no ar que entra e que sai do seu corpo. Depois reconheça os pensamentos que passam pela sua mente, sem qualquer identificação com esse mundo ilusório. Por último, procure aceitar a vida em sua plenitude. Poder respirar e expandir a consciência, Aqui, Agora, é algo que merece agradecimento.

CAPÍTULO 7

A MISSÃO PRIMORDIAL

? Perguntas relacionadas

- Identifico-me plenamente com esse adormecimento, mas o que posso fazer para reverter essa situação?

- Entendo a possibilidade de parar o fazer, mas e quanto ao pensar? Seria possível?

- Quando começo a trabalhar nestes ensinamentos sinto uma incrível paz de espírito, mas passa-se um tempo e logo me sinto adormecer novamente. Por quê?

- Não vou parecer um louco entoando um mantra pelas ruas?

- Mas você não acha difícil que as pessoas, hoje envolvidas com tantas dificuldades materiais, possam se dedicar a tamanha transformação de consciência?

A MISSÃO PRIMORDIAL

A mente circular e incessante se expressa das mais diversas formas: negatividade, dependência de vícios, lamentação, falta de afetividade, que vão se acumulando na sua vida até que você se esquece do que veio fazer neste mundo. Torna-se escravo de um condicionamento coletivo, como um robô.

Gurdjieff baseou todo o seu trabalho no conceito de que o homem comum é exatamente como uma máquina: refinada, potente, mas que não deixa de ser uma máquina. Ele dizia que, em tese, todo homem pode se tornar livre, mas na prática isto é muito difícil, pois assim que abre os olhos e desperta, a força que o mantém no sono volta a atuar, e ele recai adormecido, geralmente pensando que está acordado.

Pela manhã, você se levanta, mas permanece dormindo. Os olhos se abrem, mas um novo tipo de sono se inicia. Os pensamentos vêm aos borbotões e você segue como um sonâmbulo para cumprir sua rotina. Essa é a razão de as pessoas gostarem tanto da rotina porque assim não precisam acordar, podem continuar a dormir.

Para acordar, um grande esforço é necessário. Caso contrário, você se tornará, como um robô, escravo de necessidades que nem ao menos são suas. É preciso que haja um grande desejo pela libertação, por escapar do estado de adormecimento. E esse é um ponto fundamental, porque se você não percebe isso, nada mais poderá ser feito. Em quantos momentos você esteve realmente acordado em sua vida?

É esse o tema abordado na história do próximo personagem a entrar em cena na Bíblia. Ele surge quando um novo faraó sobe ao trono do Egito, se esquecendo de tudo que José havia feito pelo seu povo. Então, passou a invejar o crescimento material dos herdeiros de José, decretando que todo filho nascido de hebreus deveria ser exterminado.

Na busca desesperada pela sobrevivência de Moisés, sua mãe deixou-o em uma pequena cesta às margens do rio Nilo. A filha do faraó encontrou o bebê e criou-o com grande afeto, como um membro da família real e com grande fartura material. Esse foi o ambiente no qual Moisés cresceu. Um dia, no entanto, ele resolveu sair do palácio para ver o que se passava fora dele. Ao assistir a um escravo hebreu sendo surrado violentamente por um egípcio, interveio para defendê-lo e acabou matando o egípcio. A partir de então, precisou se afastar.

Moisés permaneceu um longo tempo no exílio e foi lá que recebeu sua primeira grande revelação, diante de uma sarça ardente, planta comum naquela região. No entanto, mesmo com o fogo, o arbusto não se consumia: mantinha-se ileso. Neste momento, Moisés era eleito para uma grande missão: libertar seu povo da escravidão.

Todo o livro do êxodo fala sobre um tema de grande profundidade, o tema da libertação. Afinal, que liberdade é essa que buscamos? Seria de um lugar geográfico? Não faria sentido, porque o homem poderia viajar para os lugares mais longínquos do planeta e, ainda assim, jamais ser livre, pois carregaria sempre o elemento que o acorrenta: sua própria mente.

UMA EXPERIÊNCIA COM MACACOS

Soube de uma experiência que fizeram com cinco macacos. Inicialmente trancaram-nos em uma enorme jaula, com uma escada no centro e um cacho de bananas pendurado, bem ao alcance daquele que subisse a escada. Então, cada vez que um dos macacos ameaçava subir a escada, em busca das bananas, os cientistas ligavam uma mangueira e lançavam um forte jato de água gelada sobre os outros quatro macacos.

Após um tempo, sempre que um macaco tentava subir a escada, era atacado e espancado pelos outros quatro, até que mais nenhum pensou em subir a escada, por mais apetitosas que fossem as bananas.

Continuando a experiência, os cientistas deixaram de soltar os jatos de água e substituíram um dos macacos. O novato, ao ver as bananas e a escada, e sem saber o que se passara anteriormente, foi direto em direção à comida e tomou uma grande surra. Deve ter achado aquilo tudo muito estranho. Fez outras tentativas, e foi surrado outras vezes, até que desistiu.

Os cientistas substituíram outro macaco. A história toda se repetiu. O segundo macaco substituto tentou pegar a banana e foi atacado pelos demais, inclusive pelo macaco anterior, que, por sinal, participou do ataque com grande entusiasmo (talvez acreditando fazer parte do time dos vencedores).

E assim os cientistas trocaram o terceiro macaco, depois o quarto e, por fim, o quinto macaco original. E tudo se repetia. O macaco recém-chegado tentava pegar as bananas, era espancado pelos outros quatro, fazia outras tentativas, apanhava mais, até que desistia.

Nesse ponto da experiência, os cientistas tinham um grupo de macacos que nunca tinham sido atacados com jatos de água gelada. Entretanto, continuavam batendo naqueles que tentavam pegar as bananas. Se os macacos soubessem falar e lhes perguntassem: "Por que vocês agem assim?" Eles responderiam: "Não sei, as coisas por aqui sempre funcionaram dessa maneira!"

A história explica bem o que é a condição escrava. Muitos vivem assim, aprisionados em jaulas, acreditando serem livres, mas, de fato, estão quase sempre agindo por condicionamentos, alheios a sua real vontade.

Aconteceu com você também. Na infância você não teve condições de exercer uma plena consciência e precisou se adaptar à convivência familiar e em sociedade. Poucos têm a sorte de crescer dentro de uma família amorosa e com o exemplo de pais que resistem ao pensamento comum. Entretanto, a grande maioria precisa aprender a "sobreviver" em condições inóspitas, em um mundo dominado pelo ego e pela ausência de consciência.

Então, alguém comprou um computador novo, e você precisa imitar: comprará um computador novo também. Alguém comprou uma roupa nova, é a última moda, você quer comprar também. Talvez não precise de nada disso, mas tornou-se um imitador. Você precisa ser você mesmo e não imitar o outro. Se olhar fundo para dentro de si, descobrirá isso.

PARAR DE "FAZER"

Identifico-me plenamente com isso, mas o que posso fazer para reverter essa situação?

O "fazer" é a grande ilusão do homem. Ele sempre acha que pode fazer algo. Essa é sempre a primeira questão: "O que posso fazer?" No entanto, a primeira coisa que você precisa compreender é que raramente o homem faz algo. Quase sempre está apenas respondendo aos estímulos externos e ao comando dos inúmeros "eus" que se revezam no domínio de seu ser durante o dia.

Como resultado de eventos externos, de ciclos, de conjunções planetárias, as coisas simplesmente acontecem, com muito menos livre-arbítrio do que o homem possa imaginar. As revoluções, as guerras, assim como os grandes fenômenos climáticos e geológicos, acontecem da mesma forma que os fenômenos na vida individual

132   Aqui, Agora

de cada ser. Nem mesmo o ódio e o amor humanos são frutos de uma real escolha, mas tão somente resultados de estímulos externos provocados na máquina.

Foi com os lamas tibetanos que Gurdjieff aprendeu algo de imenso valor, uma meditação para romper com o ciclo robotizado do "fazer". Ele então ensinava: "No momento que tiver o desejo de fazer algo, experimente parar e não fazer." A explicação: quando você tem um impulso para fazer algo, move a energia para fora, mas se você "para" e interrompe o fluxo do desejo, ela então se move para o seu interior.

Esse exercício pode ser entendido por uma lei física, que afirma que a energia está sempre em movimento, não há como ela ficar congelada, ou se move de dentro para fora, ou de fora para dentro.

Assim, sempre que você tem vontade de fazer algo, sua energia é movida para o exterior. Você está com fome, pega uma maçã e sua atenção se dirige para o alimento, para o exterior. Mas se, com a maçã na mão, durante o movimento de levá-la à boca, você para o movimento, a energia do desejo, que estava fluindo de dentro para fora, muda de direção. Como não pode ficar estática, se moverá para o seu interior. Neste momento você encontra o seu centro e, quando percebe, toda a inquietude se foi.

Com esse objetivo Gurdjieff criou dezenas de tipos de meditação muito eficazes, principalmente para os ocidentais, que possuem naturalmente maior dificuldade em se voltar para dentro. Em uma dessas meditações um grupo de pessoas dançava, ao som de uma música lenta, fazendo movimentos livres, de acordo com o ritmo da música. De repente, ele dizia: "Pare!" Neste momento, todos tinham que parar imediatamente. Assim ficavam, como estátuas, durante um, dois minutos, até que voltavam a dançar.

Você pode experimentar essa prática quando estiver pronto para escovar os dentes, por exemplo. Então diga internamente: "Pare." Neste momento, pare por completo, não se permita nenhum tipo de movimento, nem um pequeno ajuste do corpo. A escova estará em sua mão, a boca aberta, a pasta sobre a escova. Você para por completo e não interfere em nada.

Mas não é algo que você possa planejar: "Daqui a pouco vou parar." Isso não funciona, porque colocará a mente no comando, o deixará fora do presente. O mecanismo consiste em jogá-lo para uma completa inatividade. Faça isto e você se surpreenderá, pois a energia que estava se dirigindo para fora vai em direção ao seu centro. Então, uma nova consciência se forma.

Prática meditativa

Experimente agora. Pare de ler este livro, fique completamente imóvel, somente respirando, por vinte ou trinta segundos, e sinta a energia se movendo para o seu interior, trazendo-o de volta ao seu centro.

134   Aqui, Agora

Este é um exercício poderoso e pode servir para os mais diversos impulsos: o desejo por comida, bebida, sexo etc. Podem ser impulsos não fisiológicos também, como ler uma revista, realizar um trabalho, planejar o dia seguinte.

As pessoas estão sempre ocupadas. De casa para o trabalho, do trabalho para o lazer, do lazer para casa. É preciso assistir à televisão, ler um jornal, ouvir música, falar ao telefone, escrever no computador, intermináveis impulsos de "fazer". Mas o fazer é sempre um movimento que o leva para fora. O sexo também funciona assim.

Você se sente sobrecarregado de energia, precisa colocá-la para fora, então procura a atividade sexual e se sente um pouco melhor, aliviado. No entanto, o alívio dura muito pouco, porque logo a ansiedade e a tensão se acumulam novamente, e novos afazeres se tornam necessários. Será preciso estar sempre pensando em fazer algo, em atuar de alguma forma no mundo.

Por isso, essa prática é tremendamente eficaz. Porque durante qualquer atividade rotineira, se você experimenta o "pare", algo imediatamente acontece.

PARAR DE "PENSAR"

Entendo a possibilidade de parar o fazer, mas e quanto ao pensar? Seria possível?

Todos os exercícios meditativos possuem o mesmo intuito: levar o homem para o seu centro, que é onde a paz pode ser encontrada. Você pode se tornar meditativo até mesmo andando pela rua, diante de um cruzamento de ruas muito movimentadas, o fluxo de carros em diversas direções, uns parando no sinal vermelho, outros se movimentando, pedestres apressados caminhando a sua volta. Então você para, por completo, e contempla o momento.

Comece a praticar algo assim e você se surpreenderá, ao descobrir que, durante os períodos de pausa, mesmo o pensar é interrompido. Uma profunda sensação de presença pode ser experimentada. Se você se dedicar realmente nisto, algo significativo pode lhe acontecer: ao se ver livre do pingue-pongue mental, você sentirá uma contínua e agradável consciência do agora.

A MENTE

Quando começo a trabalhar nestes ensinamentos sinto uma incrível paz de espírito, mas passa-se um tempo, e logo me sinto adormecer novamente. Por quê?

Na prática, a mente é viciada em um padrão negativo, e sempre acaba voltando a ele. A mente frequentemente se ocupa com pensamentos que se tornam uma porta para que grande negatividade entre em sua vida. É preciso fechar esta porta. Para isso é necessária uma "limpeza mental".

Não estamos falando aqui da cultura do pensamento positivo. Isso vem dando origem a mais uma moda: "Pense positivo, vibre positivo!" Como o sujeito que está inteiramente falido e passa dia e noite repetindo: "Vai dar tudo certo!", "Vou ficar próspero em breve!" Se você já fez isto deve ter descoberto que não funciona. Sabe o por quê?

136   Aqui, Agora

Porque se trata apenas de mais um aprisionamento da mente, você aprende a pensar de uma nova forma, para realizar os seus desejos pessoais e prosseguir alimentando o seu ego. Mas lembre-se de que negatividade e positividade são lados extremos, opostos, mas de uma mesma corda.

O pensamento negativo é a linguagem do ego derrotado, o positivo, a do ego vitorioso. Que diferença faz, uma vez que você ainda continua no mesmo mundo ilusório, fora do estado de presença?

A Cabala possui um ótimo recurso para esta finalidade, um poderoso mantra que evoca um anjo de limpeza mental. A vocalização deste mantra é "olam". Assim, sempre que uma ideia negativa persistir em sua mente, você pronuncia uma ou mais vezes: "Olam." É incrível como produz efeito imediato. Mesmo que você não acredite em anjos, vale a pena experimentar, porque ao colocar sua atenção no mantra, você tira o foco daquilo que não serve.

O PENSAMENTO COMPULSIVO

Mas não vou parecer um louco entoando um mantra pelas ruas?

Você tocou em um ponto interessante, porque se você se depara com um homem falando sozinho na rua, em voz alta, logo imagina: "Ele deve ser louco!" Mas se reparar bem, verá que a diferença entre ele e você talvez não seja assim tão grande. Se você expressasse em voz alta o carretel de pensamentos que é desenrolado a cada minuto em sua mente...

Você precisará limpar a sua mente se quiser tornar-se novamente "são". O retorno à sanidade é mesmo um ponto fundamental. Há um polêmico conto do escritor brasileiro Machado de Assis que expõe brilhantemente o tema.

Chama-se "O Alienista" e fala sobre um médico no século XIX que, com o apoio do governo, decidiu construir o primeiro hospício de sua cidade. No entanto, era ele quem decidia quem deveria ir para a casa de retenção.

No começo foram os doentes mentais clássicos, então ele se tornou uma celebridade. Mas, pouco a pouco, foi ampliando os critérios para a classificação de doente mental, incluindo as donas de casa que cochichavam o dia todo, os compulsivos pela pechincha, os viciados em sexo, os celibatários, os obesos etc. Chegou um momento em que todos os habitantes da cidade estavam dentro do hospício. Como não havia lugar para todos, o médico achou melhor reservar o hospício para os normais e deixar os loucos de fora.

Pode mesmo ser considerado uma loucura passar a vida dominado por um turbilhão de pensamentos, quase sempre desconexos uns dos outros. Trata-se da mais séria doença de nosso planeta, semente de uma infinidade de outros males. Por atingir a todos, passou a ser considerada algo normal, mas não é.

Por ser uma loucura coletiva, a força de um grupo pode ser determinante para sua cura. Por isso Gurdjieff enfatizava o valor de um grupo. Dizia que não é possível escapar dessa prisão sem a ajuda de alguém que já tenha saído. É preciso uma direção, um

138   Aqui, Agora

plano, encontrar as ferramentas necessárias para se cavar o "túnel". Uma organização é necessária, porque se você estiver no isolamento não poderá nem mesmo encontrar alguém que já tenha escapado.

Mas de que forma poderá escapar? Será preciso cavar um túnel, descobrir as falhas do sistema. Sozinho você não poderá fazer isso, mas se vários trabalharem em rodízio, poderão ajudar uns aos outros a cavar uma saída. Um grupo dirigido pode chegar a resultados que seriam inatingíveis de forma individual.

O DESEJO PELA ABERTURA DA CONSCIÊNCIA

Mas você não acha difícil que as pessoas, hoje envolvidas com tantas dificuldades materiais, possam se dedicar a tamanha transformação de consciência?

A ideia de que você precisa primeiro resolver sua vida financeira, material, para depois se dedicar à evolução de sua alma é mais uma ilusão da mente. Assim você está sempre adiando, projetando sua felicidade no tempo futuro.

Sinceramente, o estado de facilidade é que pode se tornar um grande obstáculo. As pessoas que vivem em meio ao excesso estão sempre distraídas: são muitas festas, muitas viagens, muitos afazeres. Não há espaço para a paz.

Foi assim que o povo de José chegou ao Egito: escorado sob as asas do exímio governante. Deixaram de trabalhar com animais para mexer com tijolos, construindo pirâmides. Cresceram, se expandiram e acabaram por esquecer de quem eram. E este é um grande perigo.

Jesus disse: "Mais fácil um camelo passar pelo buraco de uma agulha do que um rico entrar no reino dos céus." Queria nos lembrar do perigo que é uma vida sem restrições. Pessoas que vivem em meio ao excesso têm grande dificuldade de encontrar paz de espírito, se tornam escravas de seus próprios bens.

Por essa razão Moisés precisou abdicar do luxo do palácio. Em meio a tantas facilidades não poderia jamais descobrir quem realmente era. Foi no silêncio do exílio que teve uma visão:

"Moisés olhava para a sarça pegando fogo, mas ela jamais se consumia."

Você precisará se tornar realmente meditativo, focado no presente, se quiser escapar desta loucura coletiva. Observe o estado de espírito de Moisés: integralmente conectado com o momento, receptivo, pôde enxergar o milagre. Poderia ter passado apressado pela sarça que não se consumia, afinal, era um pastor e tinha centenas de ovelhas para cuidar. Mas se permitiu parar e, ao abrir-se à dimensão do milagre, lá estava Deus, esperando por ele.

Se você permanecer fechado, nada poderá acontecer, nem mesmo um grande mestre lhe será útil. Diante de uma flor permanentemente fechada, o que o sol poderá fazer? Não poderá levar-lhe a vida. Mas ao abrir-se ela poderá ser vitalizada pela força do sol.

EHIER ASHERIER

Diante da sarça ardente, Moisés pergunta a Deus: "Qual o seu nome?" O Eterno lhe responde: EHIER ASHERIER, que significa: EU SOU O QUE SOU. E ele descobre onde se encontra Deus e toda a força da eternidade: em um estado de total presença e aceitação, "eu sou como sou". Pode ser que as coisas estejam ótimas ou, talvez, nem tão boas assim, mas o momento é como ele é. Para que então perder energia brigando com ele?

Até quando você vai procurar uma resposta? Quando virá a tão sonhada paz de espírito? Em um próximo livro, em uma nova religião, em algum ponto do futuro? Um ótimo conselho é: não procure mais, permita-se sentir tudo aquilo que veio sempre buscando aqui, agora. Esqueça as ilusões do ego.

Se ainda assim não conseguir se sentir em paz, perdoe-se por isso. Não lute contra. Aceite você profundamente, inteiramente, exatamente como você é. Se você não fez melhor é porque não pôde. Ainda assim, já passou, e o passado se tornou apenas um subproduto da mente. Volte para cá, respire, observe tudo a sua volta e aceite tudo exatamente como é, agora. Entregue-se por completo e poderá sentir a suave brisa que surge com a paz de espírito.

Prática meditativa

Experimente, agora, respirar mais pausadamente. Abandone a aflição do tempo passado e futuro. Faça isso e sentirá uma sensação agradável, como uma leve brisa que traz os ventos da paz. Pratique a entrega ao aqui, agora, e você verá que nada mais é necessário. O momento atual traz sempre algo luminoso.

A missão de Moisés aqui ganha uma nova amplitude. Diferentemente de Jacob, que precisava se transformar para atingir a iluminação, agora se fala de salvar toda uma coletividade da escravidão: uma nova etapa da Bíblia.

Para sair da escravidão há um ponto fundamental: lembre-se de que você não é uma máquina. É um ser humano, um ser divino. Sua singularidade o diferencia e o torna único. As máquinas são iguais, feitas em escala, você pode substituir um computador por outro idêntico. Mas quando um homem poderá ser substituído? Jamais. Cada ser vivo é um florescimento único, acontece apenas uma única vez na história. Você não é uma reprodução, é incrivelmente original, único. Leve sua luz ao mundo: AQUI, AGORA!

Sugestão de pausa

Antes de seguir para o próximo capítulo, experimente, por um ou dois minutos, dar um stop (pare!) total. E então permita-se encontrar o seu próprio centro.

CAPÍTULO 8

AMOR E APEGO

?

Perguntas relacionadas

- O combate entre Moisés e o faraó não é algo literal? Seria somente uma luta que acontece dentro de cada homem?

- Não é pela busca do conhecimento que nos tornamos mais sábios?

- Por que precisa ser tão difícil? Por que tanta luta é necessária?

- A maioria dos conflitos em todo o mundo envolve disputas pela posse material, afetiva, até mesmo espiritual. Por que esquecemos o que realmente importa e sempre voltamos a nos apegar ao perecível?

A VIA DO AMOR E A VIA DO APEGO

Existem duas formas de se viver: uma é a via do apego, a outra, a do amor. São rios que jamais se encontrarão. A primeira se abastece do dinheiro e do apego a tudo que é perecível. É nela que você precisa acumular, reter, garantir o que é seu. A outra é abastecida pelo compartilhar, pelo doar, pelo dividir.

Ao seguir pela via do apego você se tornará um habitante do Egito bíblico, a terra do culto à matéria. Passará a vida construindo pirâmides, sem jamais se permitir usufruir. Quanto mais dinheiro, fama ou poder tiver, mais precisará ter. É o mundo do "mais", que nunca sacia.

Conheci um sujeito que era mesmo muito apegado. Quando abria a carteira, olhava para suas notas de dinheiro com um brilho todo especial nos olhos. Eram suas amadas, seu querido e amado dinheiro. Ele tinha muito e a cada ano acumulava mais. Como quem constrói um lar, sua família era ele e suas notas.

146 Aqui, Agora

Jamais se casou porque achava que um casamento lhe sairia muito caro, havia muitos riscos envolvidos. O que seria de suas amadas notinhas? Pelos misteriosos desígnios do destino, teve uma doença ainda jovem e morreu, deixando a família toda, irmãos, sobrinhos, pais em disputa pelos seus amados bens materiais. Confesso que gostava muito dele, que aprendi a aceitar sua forma de ser. Chorei muito ao vê-lo debaixo da terra, porque sabia que ele podia ter ido muito mais longe: era grande seu potencial.

É claro que o sustento, certo nível de segurança e conforto, pode ser necessário, afinal, você precisa cuidar bem do corpo em que habita sua alma. Mas quando Jesus dizia: "Nem só de pão vive o homem", queria nos lembrar que o pão é necessário, mas se for somente por ele, a vida não valerá a pena. Será uma perda total de energia. Queria mostrar-nos uma dimensão muito mais elevada.

Ele falava da via do amor. Um caminho que só poderá ser trilhado por aquele que se dispuser a seguir rumo ao desconhecido, o infinito. E se você desejar cruzar essa fronteira, precisará distinguir o amor do apego. Embora possa parecer que um seja parte do outro, eles não têm qualquer semelhança entre si.

O momento bíblico agora fala de uma escolha entre essas duas vias, quando escravos estão dispostos a abandonar supostas garantias de sobrevivência para seguir rumo ao desconhecido. Não era uma opção fácil, visto que, apesar de toda a humilhação a que tinham que se sujeitar, tinham ao menos a garantia da sobrevivência, do conhecido. Agora estão decidindo conhecer a outra via. E sempre que o desejo pelo novo aparece, vem acompanhado de um combate.

AMOR E APEGO   147

Existem dois líderes nessa história. De um lado, Moisés, do outro, o faraó. São personagens que existem dentro de cada ser humano, vivem e se expressam dentro de nós. Por isso não têm nada a ver com raça ou etnia.

O COMBATE COM O FARAÓ INTERNO

Você quer dizer que o combate entre Moisés e o faraó não é algo literal? Seria somente uma luta que acontece dentro de cada homem?

Exato. Historicamente não há provas de que houve combate há 3.500 anos. É possível que tenha acontecido, mas, para nós, é o que menos interessa. A Bíblia é um livro de códigos, um caminho para a libertação espiritual, muito mais do que um livro de história.

A Cabala é a sabedoria que decifra os códigos bíblicos, é um patrimônio da humanidade e não de qualquer grupo específico. Um desses códigos explica que o Egito não é um local geográfico, mas a própria representação da via do apego. Não por acaso, a palavra original em hebraico, "mitsraim", significa "estreitamento".

Trata-se de uma referência ao comportamento repetitivo e escravo, que nos faz cair nas mesmas armadilhas, repetindo padrões compulsivos que não ajudam. Esse lugar estreito e repleto de limitações que aprisionam o homem é chefiado por um personagem, o faraó.

Ele representa uma poderosa força de oposição, que empurra o homem para o estado adormecido. Essa palavra em hebraico também é significativa, porque, se permutada, significa "nuca". Fica na altura do pescoço e divide a cabeça do resto do corpo. Faz referência ao comando obsessivo da mente, que separa, corta e faz a mente se separar do corpo e do momento presente para viver em função dos desejos do ego.

A mente comandada pelo faraó é idêntica à dos macacos encarcerados, "se outros agem assim, eu também ajo". E assim se vai a criatividade do homem.

Já os liderados por Moisés são denominados "ivrim": os transientes que procuram atravessar a fronteira e deixar a realidade escrava, limitada, em busca de novas possibilidades. Eram liderados por um homem que, ao encontrar o seu despertar, escutou o chamado para levar esse estado de presença ao mundo.

As pragas simbolizam as armas da luta do homem com seu próprio ego.

Muitas pragas eram necessárias, porque o ego não desiste facilmente, não basta uma pauladinha para vencê-lo. Acontece com você também, quando, por exemplo, passa por uma situação de risco e, assustado, promete largar os apegos inúteis para levar uma vida mais focada no amor. Mas ao se restabelecer você acaba se esquecendo e volta a viver no mesmo padrão vibratório de antes.

O combate acontece devido à impossibilidade de harmonizar esses dois personagens, que vivem em tempos distintos, por isso, não podem viver juntos. Um vive no futuro, o tempo do "mais", no futuro terei mais do que hoje. O outro vive no presente, o tempo do amor.

Moisés foi um grande líder enquanto homem, mas o arquétipo não morreu, vive ainda hoje dentro da consciência de cada um.

Surge quando você se lembra que é apenas um grão de areia, que pode refletir o sol e iluminar o mundo, mas, ainda assim, é um grão de areia. O faraó também não morreu. Ele ganha vida sempre que você acredita que o grão de areia é muito importante e que precisa conquistar o mundo.

Está sempre em busca de mais, o "mais" que nunca sacia. Se tem dinheiro, procura por mais dinheiro. Se tem poder, procura por mais poder. Se tem sexo, procura por mais sexo. Se tem fama, busca mais fama. Nunca há o bastante. Tem tanto medo da perda, porque quanto mais tem, mais tem a perder. Isso frequentemente se aplica à sede pela espiritualidade e pelo conhecimento.

O ALIMENTO DO FARAÓ

Mas não é exatamente pela busca do conhecimento que nos tornamos mais sábios?

A mente pergunta muito, como um animal em busca de comida, a cada resposta é como se encontrasse um novo alimento. Isso traz a ela uma sensação de saber mais, e, assim, ela vai coletando conhecimento, perguntando indefinidamente. É preciso muito cuidado, o ego é astuto. Então, você acredita estar aprendendo coisas novas, mas, na verdade, está apenas alimentando o insaciável desejo por "mais" de seu próprio ego.

É claro que isso não se aplica à mente saudável, criativa. Mas como visto anteriormente, 99% da mente trabalha a serviço do ego, em busca de "mais".

150   Aqui, Agora

Por isso, quanto mais cheio de informações você estiver, mais difícil será a libertação. Um completo esvaziamento será preciso, caso contrário, você jamais conhecerá o silêncio, e é nele que se encontra a verdade.

Talvez você já tenha ouvido falar sobre Ouspensky. Era um cientista, escritor renomado, mundialmente reconhecido, mas também um buscador, um homem que procurava respostas para os grandes mistérios da existência. O livro mais profundo sobre o trabalho de Gurdjieff foi escrito por ele, que estudou muitos anos com o mestre. O encontro dos dois foi uma grande iniciação.

Ouspensky ficou encantado quando ouviu falar sobre o trabalho de Gurdjieff e buscou, insistentemente, um contato com o mestre russo. Não era uma tarefa fácil. Gurdjieff era muito criterioso na escolha de seus discípulos. Costumava organizar grupos fechados, quase secretos, para que juntos todos pudessem se ajudar no encontro do que ele chamava "estado desperto".

Muitos meses se passaram até que conseguiu, junto a um amigo em comum, que também era discípulo de Gurdjieff, permissão para visitar o grupo. Finalmente foram os dois, em uma noite do rigoroso inverno russo, em direção à casa onde eram realizados os encontros do grupo. Após tanto tempo de procura, uma grande ansiedade tomou conta de Ouspensky.

Eram muitas perguntas, muitas questões. Ele estava acostumado a ser recebido sempre de forma especial, com regalias, como escritor renomado que era, mas aquele encontro o surpreenderia.

AMOR E APEGO 151

Quando chegaram, havia 18 pessoas sentadas ao chão, junto ao mestre, todas na mesma postura, em absoluto silêncio. O amigo de Ouspensky conhecia o trabalho e imediatamente se sentou e ficou na mesma postura dos demais. Ouspensky não entendeu nada, não sabia o que se passava, nem ao menos o mestre ele tinha certeza de quem era. Mas acabou por se sentar no chão, como os demais, até porque era a alternativa que lhe restava.

Por fora ele era silêncio, mas por dentro estava agitado. Sua mente não parava. Ele se perguntava: "Eu vim de longe, esperei tanto tempo e nem ao menos fui apresentado ao mestre! E por que todos olham para o chão, o que há de tão especial nisso?" A ansiedade crescia e cada minuto parecia uma hora. Passaram-se cerca de vinte minutos, que lhe pareciam intermináveis. Até que Gurdjieff olhou para ele e disse:

– Não se preocupe, porque em algum momento você conseguirá simplesmente sentar ao lado do mestre.

Ainda desculpou-se com o visitante:

– Entendo o quanto pode ter sido doloroso para você ser recebido desta forma, mas é assim que funciona o nosso trabalho."

E prosseguiu:

– Vou lhe dar uma folha de papel. Em um lado você deve escrever tudo aquilo que sabe. Do outro lado você escreve tudo aquilo que não sabe. Preste bem atenção ao que vai escrever, porque não perderei tempo em discutir sobre o que já sabe. Isso é parte de seu progresso, de tudo que estudou, e eu sei o quanto você se esforçou. Minha tarefa, portanto, será tentar ajudá-lo com aquilo que você não sabe.

152   Aqui, Agora

Ouspensky era um homem iniciado, estudava e ensinava sobre temas ligados à espiritualidade, havia tido contato com cientistas brilhantes, mas estava surpreso com a qualidade daquele contato. Emocionado, com o coração palpitando, foi sozinho para um quarto dentro da casa. Ali passou um bom tempo refletindo sobre o que realmente sabia. Finalmente voltou e entregou o papel, em branco, para o mestre. Depois disse:

– Eu não sei absolutamente nada. Você terá que me ensinar tudo.

Gurdjieff pareceu surpreso:

– Mas você é um grande escritor. Eu mesmo já li livros seus muito bons. Como você me diz não saber nada?

Ouspensky retrucou:

– Peço-lhe desculpas, preciso começar tudo de novo. Pela sua maneira de ser, pelo seu silêncio, me questiono sobre o que eu realmente sei! Descobri que, embora já tenha escrito muito sobre o equilíbrio do universo e, por conseguinte, do próprio homem, não me sinto equilibrado. Vinte minutos de silêncio foram suficientes para me tirar por completo do eixo e me mergulhar em grande aflição. Então, lhe peço para me guiar como o mais ignorante de seus discípulos.

O método de Gurdjieff era repleto de sabedoria: primeiro esvazie o recipiente, depois pode preenchê-lo com algo útil. Se você não aprende a esvaziar, nada mais poderá lhe ser útil. Você precisa abandonar tudo o que acha que sabe, todos esses questionamentos, se quiser que uma real sabedoria o penetre.

AMOR E APEGO   153

Mas esse esvaziar não costuma ser fácil, a mente sempre procura retomar o comando. E se você perde o contato com o aqui, agora, acaba se esquecendo de tudo o que é realmente importante para você. Essa é a tônica do combate entre Moisés e o faraó. Um combate que acontece na alma do homem. É preciso escolher a quem servir. O que você realmente deseja para a sua vida?

UM ATRITO NECESSÁRIO

Por que precisa ser tão difícil? Por que tanta luta é necessária?

As virtudes interiores são adquiridas através do atrito resultante da luta entre as inclinações mais positivas e as mais negativas do homem. Se não houver um nível de oposição, de luta, o homem permanecerá o mesmo, estagnado, e nenhuma evolução será possível.

O atrito, no entanto, não proporciona nenhuma garantia, uma vez que pode ocorrer dentro do mundo ilusório dos diversos "eus". Como acontece com os religiosos que lutam desesperadamente contra seus instintos, mas fazem todo esse esforço sem qualquer consciência, apenas com a crença de que agindo de acordo com um determinado comando serão recompensados em um tempo futuro. Acontece igualmente com todos que vivem pressionados pela culpa interior. Há uma história:

"Um cidadão fez voto de desapego e pobreza, dispôs de todos os seus bens e propriedades, reservou para si apenas duas tangas, e saiu em busca de todos os sábios, medindo o desapego de cada um. Levava apenas uma tanga no corpo e outra para troca.

154 Aqui, Agora

Estava convencido de não encontrar quem o vencesse em despojamento, quando soube de um velho guru, bem ao norte, aos pés do Himalaia. Partiu então ao encontro do velho sábio. Quando lá chegou, quanta decepção! Encontrou terras bem cuidadas, um palácio faustoso, muita riqueza. Indignado, procurou pelo guru até que um velho servo lhe disse que ele estava no magnífico jardim com seus discípulos, estudando desapego. Como era costume da casa, o servo gentilmente convidou o visitante para tomar um banho, repousar e fazer refeição, antes de se dirigir à presença do sábio.

Achando tudo muito estranho, o desapegado aceitou. Tomou um bom banho, lavou a tanga usada e colocou-a para secar no quarto, saindo em busca do guru. Estava decidido a desmascarar aquele que julgava um impostor, pois, em sua concepção, desapego não combinava com posses. Aproximou-se do grupo, que ouvia as palavras do mestre, pronto para questionar o guru, quando chegou um dos serviçais gritando: 'Mestre, o palácio está pegando fogo, um incêndio tomou conta de tudo. O senhor está perdendo uma fortuna!'

O sábio, impassível, continuou sua prédica. O desapegado viajante, no entanto, deu um salto e começou a gritar: 'Minha tanga, minha tanga, o fogo está destruindo minha tanga...'"

O desapego não está relacionado àquilo que você tem ou deixa de ter, mas à consciência diante dos ganhos e perdas ilusórios da vida. Assim, o atrito resultante de culpa, sem consciência, não poderá proporcionar qualquer evolução, será uma força a mais para retirá-lo do estado de presença. Sem falar que gera grande desgaste na máquina, diminuindo sua vida útil.

No entanto, para que algo possa ser obtido, uma dose de sacrifício será importante, grandes esforços serão necessários, até o momento que um despertar mais definitivo for atingido. Se isso acontece, o conflito entre o bem e o mal desaparece e a partir de então nada mais precisará ser sacrificado.

LEMBRAR-SE DE SI

A maioria dos conflitos em todo o mundo envolve disputas pela posse material, afetiva, até mesmo espiritual. Por que esquecemos o que realmente importa e sempre voltamos a nos apegar ao perecível?

O problema todo está no esquecimento. Você sabe que não levará nada de material deste mundo, mas se esquece disso, se distrai e volta a viver no mundo do apego. Se apega a bens materiais, a sentimentos antigos, à expectativa de um futuro melhor. Com isso, provoca a mais séria morte: a morte do momento, que é realmente trágica. O luxuoso navio da vida está sobre os mares e você preferiu não embarcar.

Mas há um antídoto: o amor. Os que amam sabem o quanto dar é maravilhoso, que quanto mais se dá, mais se tem, que quanto mais reparte o que é seu, mais ele cresce, porque a doação vem do amor e a fonte do amor é eterna, inesgotável. Ao descobrir isso, você desejará muito repartir, amar. Você estará sempre procurando alguém com quem possa compartilhar, porque isso o tornará mais vivo.

Joseh Newton, filósofo britânico, dizia: "As pessoas são solitárias porque constroem paredes em vez de pontes." Trata-se de uma grande verdade, um princípio universal. Você precisa se livrar de tudo aquilo que acumula e que acredita que ainda lhe será útil no futuro, para criar um espaço vazio para que coisas novas possam chegar a sua vida. Não apenas os bens materiais, mas também todas as mágoas, ressentimentos, raivas e medos guardados.

Mais do que os objetos guardados, a atitude de guardar revela medo, falta de confiança na existência e perda do agora. Se você é apegado assim, tudo que é seu apodrece. Você não compartilhou sua água e ela se tornou turva. No momento em que dividi-la, uma nova poderá vir.

É preciso dar, em todas as suas formas. Deixe as pessoas beberem de seu conhecimento. Não esconda, lhes dê tudo, e assim você estará sempre abrindo novas fontes. Sempre que o velho sai, o novo entra. Você poderá unir sua água com a água do outro e, pouco a pouco, um oceano se formará.

Quando você aprender a nova matemática espiritual, dividir para multiplicar, não procurará mais agradecimento, ao contrário, se tornará grato por ter tido com quem compartilhar. O velho se vai, o novo pode entrar. Aquele que doa com frequência está sempre com o espírito jovem, diferente do que se apega a tudo e que se torna a cada dia mais velho, mais morto, mumificado.

Essa lembrança é fundamental, porque as ilusões são muitas, e o ego existe a partir do momento em que você acredita que tudo o que você vê seja real. Existem demandas, você tem enormes responsabilidades, um projeto de vida. Como está se saindo, bem-sucedido? Mas se você começa a perceber tudo isso como um sonho, a carga toda se esvai.

Prática meditativa

Há uma técnica poderosa: comece observando seu próprio caminhar. Ao andar pelas ruas, observe a agitação das pessoas, os carros, as lojas, as avenidas, tudo a sua volta como em um sonho. Faça isto e se descobrirá como parte deste sonho. Então, por que se preocupar? Se apegar a quê?

Se você praticar muito este exercício, chegará o dia em que estará dormindo em sua cama e, de repente, ainda dormindo, se dará conta de que também está em um sonho. E quando você se dá conta de que tudo é um sonho, o sonho se vai e dá lugar a um grande despertar. Nesse estado você poderá enxergar a realidade.

Você vai descobrir, não porque alguém esteja lhe falando, mas por meio de sua própria experiência, em que grande ilusão esteve vivendo por toda sua vida. Quanta tensão desnecessária! Um pesadelo criado por você mesmo, por sua própria mente. Um caminho tão cansativo e que ainda assim não leva a lugar algum.

A via do apego é por onde andam os escravos chicoteados e os poderosos mumificados: todos à espera de um futuro melhor. A via do amor liberta da ilusão e de todo o sofrimento. É nela que reside a vida e a incontestável realidade: AQUI, AGORA!

Sugestão de pausa

Quanto mais cheio de informações você estiver, mais difícil será a libertação. Procure se esvaziar de tantas ideias e conceitos e desfrutar deste estado de paz.

CAPÍTULO 9

A GRANDE LIBERTAÇÃO: AQUI, AGORA

? Perguntas relacionadas

- A abertura do mar também é um grande código, certo?

- Por que o conhecimento se mantém protegido por tantos códigos? Se fosse mais aberto não possibilitaria que um número maior de pessoas pudesse abandonar seu estado de adormecimento e também se libertassem?

- A verdade não seria um conceito extremamente relativo e subjetivo?

- Qual seria a relação entre a verdade e o estado de presença?

- Se não for agora, quando será?

SITUAÇÕES-LIMITE

Quando tudo estiver ruindo a sua volta e você achar que chegou ao fundo do poço, tenha certeza de uma única coisa: você está a apenas um passo de uma grande libertação. Trata-se de uma tecnologia espiritual cuja lógica é tremendamente simples: diante da total escuridão, mesmo uma pequena vela pode trazer grande luz.

Por exemplo, situações de grande confronto, de estresse acentuado, que envolvem risco de vida levam o processo de resistência de uma pessoa ao limite. Quando não há mais nenhum ponto de escape, nenhuma esperança de salvação no futuro, vem uma pane mental, que desarticula completamente o sistema de defesa do ego, como acontece com um equipamento operando com carga muito acima de sua capacidade. Se você desliga a tomada da mente controladora, pode abrir espaço para uma nova fonte de energia, muito mais potente: a força da entrega.

O canadense Eclert Hole descobriu a força do estado de presença em sua vida e passou a escrever sobre o tema. Em um de seus livros, fala de como situações-limite podem ajudar a deflagrar um processo de iluminação, utilizando como exemplo condenados que estavam em suas últimas horas no corredor da morte à espera da execução.

Em alguns casos a resistência à situação em questão cresceu ao nível do insuportável, e, por isso, uma entrega total e absoluta pôde ser experimentada. Só lhes restava o momento presente, que acabou presenteando-os com um estado de graça e de redenção. Com a libertação completa de tudo aquilo que não fosse o agora, eles puderam penetrar em um estado de existência dissociada do ego, experimentando uma sensação de profunda paz e alegria.

É claro que esse é um exemplo extremo, atípico, mas lembre-se sempre disto: quando algo muito ruim lhe acontecer, seja uma doença, uma perda material, ou mesmo afetiva, se você em algum momento, mesmo sofrendo, desistir de lutar com o momento e se entregar à vida que acontece aqui, agora, poderá experimentar um incrível estado de graça.

Já que estamos falando sobre situações-limite, chegou a hora de avançar ao clímax, ponto crucial no texto da Bíblia. Moisés partiu com 600 mil homens, mas logo o faraó partiu à caça deles. Os hebreus marchavam confiantes, até o momento em que se depararam com um grande impasse: ao olhar para um lado, viam o intransponível mar Vermelho. Ao olhar para o outro, lá estava o poderoso exército egípcio. Desarmados diante de um exército infinitamente mais poderoso, estavam encurralados, entre o mar e o faraó. Diante deste dilema, Moisés se afastou para procurar orientação divina, e transmitiu a todos o recado:

"O Eterno por vocês lutará mas vocês devem permanecer quietos."

Essa é uma frase de grande significado, principalmente diante de grandes provações. Afinal, como você costuma reagir diante de situações de perigo, de impasse? Consegue se aquietar ou entra em desespero? São as provas da existência: você descobre que uma pessoa íntima foi desleal com você, como reage? Ou quando, ao se submeter a um check-up médico de rotina, recebe um resultado inesperado? Como se comporta diante de tais situações?

O "permanecer quieto" se refere a um comportamento contemplativo, focado no momento presente. Foi o que possibilitou a Moisés receber sua primeira grande inspiração, quando, muito tempo antes, se permitiu parar e observar uma sarça em brasa que não se consumia. Logo ele, um pastor de ovelhas, repleto de ocupações. Não era fácil cuidar do rebanho em uma terra cheia de animais selvagens e ladrões, mas, ainda assim, parou para contemplar uma planta.

Esse é um ensinamento fundamental: parar e contemplar, a cada momento, seja ele aparentemente "bom" ou "ruim". Sempre que você se deixa dominar pela mente, perde o estado de presença e nada dá certo. Por outro lado, se você se entrega por completo ao momento e deixa o ego de lado, propicia as condições para o milagre: por esta razão, o mar se abriu.

GRANDES CÓDIGOS BÍBLICOS

A abertura do mar também é um grande código, certo?

Sim, essa é possivelmente a passagem mais codificada de toda a Bíblia, e sua numerologia é intensa. Primeiramente, o milagre da abertura do mar é descrito por três versículos com exatas 72 letras cada um.

Como se não bastasse a aparente "coincidência", o nome impronunciável de Deus, conhecido como tetragrama, revelado a Moisés diante da sarça, também soma 72, quando utilizada a numerologia acumulativa. Nos intrigantes parágrafos de 72 letras cada, a Bíblia menciona colunas de nuvens. A numerologia da palavra "nuvem" também soma "72".

Os códigos envolvidos são muitos. Se você se dedicar a estudar sobre os maiores mistérios do universo, se surpreenderá com a força dos números. Aparecem nos ciclos planetários, na vibração de cada nome, nos minutos que marcam o tempo, revelam os maiores mistérios da vida.

Mesmo que você não compreenda a numerologia cabalística, o fundamental é captar a força de um número, que aparece seguidamente neste momento e que revela a chave do "milagre": o número nove. A palavra hebraica que designa a verdade, "emet", também soma nove em sua numerologia. O "nove" é conhecido como o número da verdade também pelos matemáticos, que formularam uma teoria denominada a prova dos nove. Aparece com tanta insistência neste trecho da Bíblia para levar um tema fun-

A GRANDE LIBERTAÇÃO: AQUI, AGORA   165

damental a todos que desejam conhecer os grandes mistérios da vida: a verdade.

O SEGREDO DO NOVE

Por que o conhecimento se mantém protegido por tantos códigos?
Se fosse mais aberto não possibilitaria que um número maior
de pessoas pudesse abandonar seu estado de adormecimento e
também se libertasse?

O que está por trás dos ensinamentos espirituais de toda decodificação da Bíblia é uma palavra chamada SOD, que significa segredo. Muitos não entendem o seu significado. Acreditam que se trata de um segredo que, uma vez acessado, revela automaticamente os ensinamentos ocultos. Mas é algo ainda mais profundo: essa palavra é utilizada como segredo porque a verdadeira sabedoria não pode ser colocada em palavras, não pode fluir através da mente. Mesmo quando você acessa e conhece o segredo, ainda assim, permanece oculto, porque para ser revelado ele precisará da sua experiência.

Ao experimentar a verdade você não precisará mais de tantas orientações: "isso pode", "aquilo não pode". O fato é que, desde que não prejudique seu semelhante, não há nada que você "não possa fazer" ou "tenha que fazer". Procure fazer com consciência e esteja sempre pronto para arcar com as consequências de suas atitudes. O grande milagre acontece quando você desliga a mente doentia de todas as suas mentiras.

A VERDADE

A verdade não seria um conceito extremamente relativo e subjetivo?

Se você seguir pela via da mente, tudo parecerá subjetivo. Mas lembre-se de que você não precisa acreditar para a verdade acontecer. Ela simplesmente é. O fato de você acreditar ou não não fará qualquer diferença. Pode ser que você não acredite na lei da gravidade, mas que diferença faz? Jogue uma caixa do alto de um prédio e ela cairá assim mesmo. O dia, a noite, o sol, a lua, as estrelas, todos existem, você acreditando ou não.

Se você decide sair do mundo das ilusões e passa a viver cada momento em toda a sua intensidade, descobre também que a verdade é algo que simplesmente é: hoje, há 3.500 anos, em todos os tempos. É o que chamamos consciência. Mas há um porém. A verdade não pode ser traduzida em palavras, essa é uma questão fundamental: ela só se revela quando experimentada, porque ninguém jamais vai conseguir dizer o que é a verdade.

É dito que Moisés tinha dificuldades com a fala, que era gago devido a uma imperfeição. Mas os sábios dizem que era exatamente o contrário. Ele não conseguia falar corretamente por causa de sua perfeição de alma. A sua compreensão era tão perfeita que não conseguia traduzir o que sentia, o que vivia, em palavras.

Jesus dizia: "Conheça a verdade e ela o libertará." A palavra "conhecimento" em hebraico, língua que Jesus dominava, é a mesma utilizada para penetração e fala sempre de uma experiência íntima.

A GRANDE LIBERTAÇÃO: AQUI, AGORA 167

Ele queria lhe ensinar que a verdade não pode ser estudada, nem mesmo defendida, precisa ser conhecida.

Por isso um mestre consegue extrair o segredo. Porque tem o mérito ao se dedicar totalmente ao desenvolvimento do ser íntegro. Há grandes exemplos, um deles chamava-se Moshe Chaim Luzzatto, nascido no século XVII, em Pádua, na Itália. Foi um grande místico, como poucos na história da humanidade. Ele se comunicava com um maggid, uma espécie de anjo mestre, e enxergava com clareza, por meio da leitura das mãos e da face, as correções que cada pessoa vinha fazer no mundo.

Diversas pessoas testemunharam, com detalhes, as proezas do mestre. Ele, por sua vez, de natureza humilde, jamais comentava suas habilidades, nem mesmo aos parentes mais próximos. Esse homem escreveu um livro fundamental sobre sua experiência, um texto que aborda integridade, ética, refinamento de caráter. Muitos se surpreenderam, pois esperavam que um místico como ele fosse escrever sobre comunicação com os anjos, receitas de cura, segredos da atração, mas todo o seu foco estava no tema do encontro do homem com a verdade.

E se você quiser conhecer a verdade, precisa agir com verdade. Se vive às voltas com mentiras, isso se tornará impossível.

A mentira parece cada vez mais aceitável, mas o homem desperto conhece suas consequências. Sabe que ela faz do mentiroso um ser fragmentado, desvalorizando seu sistema de crenças e impedindo seu acesso ao milagre.

168   Aqui, Agora

Quando estiver prestes a mentir, pergunte a si mesmo o que de tão mal pode acontecer se você disser a verdade. Valeria a pena abrir mão da realização de milagres em função disso?

Nada é tão difícil como viver na verdade. Você precisará se dedicar por um bom tempo a um caminho idôneo para que um dia possa se comprometer com essa forma de viver. O desejo, por si só, não basta. Para conhecer a verdade você precisará conhecer a si mesmo. Mas poucos são os que desejam, de fato, realizar essa jornada.

Esse foi o grande ponto de encontro entre Jesus, Moisés e Buda. Eram homens diferentes, deram origem a caminhos espirituais distintos, mas os três se tornaram iluminados porque jamais mentiam. Então, quando eles diziam alguma coisa, o universo os apoiava. E se todos nós nos recusássemos a mentir, se fôssemos impecáveis no caminho da verdade, poderíamos também fazer milagres.

A VERDADE E A PRESENÇA

Qual seria a relação entre a verdade e o estado de presença?

A verdade tem relação direta com a entrega. Com a percepção de que o momento é, não como a mente acha que deveria ser, de acordo com um futuro esperado ou um passado não perdoado, mas simplesmente "é". A verdade é a essência de cada momento.

A verdade e o estado de presença são inseparáveis, como um casal profundamente apaixonado. Quanto mais verdadeiro você se torna, mais aproxima o estado de presença, e quanto mais focado

A GRANDE LIBERTAÇÃO: AQUI, AGORA   169

no presente, mais repleto de verdade se torna. Se esse casamento não acontecer dentro de você, uma montanha poderá se mover a sua frente e você nem notará.

Há uma história que conta que em meio àquele esplendoroso milagre da abertura das águas, quando milhares de pessoas caminhavam pelo mar, pasmas com a visão do improvável, dois homens caminhavam, lá no fim da fila, reclamando insistentemente. O primeiro falava: "Olhe que tragédia, meu único sapato está cheio de lama." O outro: "E eu que estou molhando minha única roupa?"

Diante de uma revelação divina, pela qual um homem espera por toda a sua vida, única e maravilhosa, duas enormes paredes de água se abriram, formando uma espécie de corredor mágico. E os dois não tinham ideia do que se passava, só pensavam apenas em suas próprias picuinhas. Isso lhe lembra algo?

Se você vive em estado de adormecimento, podem passar à sua frente Jesus, Buda, Moisés, e, ainda assim, nada acontecerá. Aliás, a grande maioria das pessoas que viveu no tempo destes mestres nem ao menos os reconheceu como mestres.

Fenômenos sobrenaturais podem ser instigantes, mas não provocam o maior dos milagres: o despertar. E se o despertar lhe acontecer, você perceberá que a vida toda é um milagre. Esse momento que acontece aqui, agora, podia não estar acontecendo, mas está. O ar entrando e saindo por suas narinas, a cada novo instante, levando nova vida a todas as suas células, uma explosão de renovação a cada minuto.

É claro que o milagre do não previsível chama mais atenção, como um fenômeno de materialização, uma cura inexplicável. Mas o que dizer do nascer e do pôr do sol a cada dia? Do brilho das estrelas? Do perfume das flores? Do cantar dos pássaros? Do sorriso ingênuo de uma criança? Isso tudo também é milagroso. Se você sair do mundo mental e se aproximar para contemplar o presente, ficará boquiaberto com a beleza suprema da criação!

Prática meditativa

Seria ótimo se agora você fechasse um pouco os olhos e passasse a sentir o corpo bem relaxado, a sentir a real entrega a este momento. Então tire o controle da mente e entregue-o à sensação do momento presente. Permita a si mesmo tornar-se instrumento de uma consciência maior e atravessar a fronteira.

O GRANDE TESOURO: AQUI, AGORA

Um inesquecível mestre espiritual que viveu no século XVI contava todas as semanas uma mesma história aos seus discípulos. Era sobre uma família muito pobre na Espanha antiga e um diamante de grande valor.

A GRANDE LIBERTAÇÃO: AQUI, AGORA   171

"O pai encontrou o diamante em seu quintal. Tivesse ele o vendido teria resolvido todos os problemas de sobrevivência da família. Mas ele preferiu escondê-lo, pensando: 'Dias muito ruins virão.' Então ele enterrou o diamante no fundo de seu terreno e colocou uma pedra bruta sobre a terra, para não perder de vista o lugar. Não contou aquilo a ninguém, com medo que a história se espalhasse e bandidos viessem roubar o diamante.

No dia seguinte a esposa viu a pedra e, intrigada, perguntou a ele sobre a mesma. O marido disse:

– Não toque nela, porque ela traz sorte à família. A esposa então resolveu colocar outra pedra ali e explicou ao marido:

– Se uma pedra dá sorte, imagine duas!

Foi a vez dos filhos perguntarem sobre as pedras. Ao descobrirem que traziam sorte, colocaram mais pedras.

Mas a sorte não veio. O que veio foi a fome e a miséria e o diamante ninguém conseguia ver. Rezavam todos diante das pedras, pedindo a Deus que lhes ajudasse. Acreditavam que Deus estava ali.

No leito de morte o pai chamou o filho mais velho e contou a verdade sobre o diamante e que o futuro salvaria a família da pobreza. O filho guardou segredo e colocou mais pedras. E assim, de geração em geração, as pedras eram acumuladas..."

Sempre que chegava neste ponto o mestre parava de falar.

A história fala de um tesouro escondido dentro da alma de cada homem. Precisa somente ser retirado dos escombros das paixões mesquinhas, da espera pelo futuro e das ideias petrificadas. É preciso desenterrá-lo.

172 Aqui, Agora

Entre no aqui, agora e você libertará tudo aquilo que não morre em você. Não importa se você vai realizar os seus mais ambiciosos desejos ou não. Desista desta ilusão, se você irá vencer ou perder, porque em ambos os casos a morte leva tudo. O vencedor é aquele que vive plenamente tudo aquilo que lhe é oferecido pela existência.

O que realmente importa, o que é verdadeiro e incontestável, é o quanto você esteve presente em cada momento, o quanto desfrutou, de fato, a vida. Ao entrar no momento presente, toda a eternidade estará em suas mãos.

A porta está aberta: **AQUI, AGORA!**

EPÍLOGO

Esta história não termina aqui. Provações, seguidas de milagres, seguidas de mais provações e uma grande revelação: a Bíblia conta a história de nossa própria vida. Parece que precisamos mesmo ser testados, porque sempre que vencemos os padrões repetitivos e nos tornamos conscientes, nos aproximamos do Criador.

E um milagre pode ser mesmo necessário para que o homem se convença da escravidão que é uma vida guiada pelo ego e do quanto o estado de presença é a chave para a libertação. Ela costuma vir de forma gradativa, até que um dia um despertar definitivo se torna possível. E quando nos libertamos do ego, torna-se possível experimentar o sabor da vida.

Mas a mente tem medo do desconhecido e por isso pode lhe puxar de volta. Afinal, é mais seguro viver dentro do que você já conhece. Mesmo que não seja bom, é conhecido e, portanto, não é ameaçador. Você aprendeu a sobreviver vivendo dessa maneira.

Por isso uma constante prática é necessária: para que possamos nos lembrar de quem realmente somos e retornar ao estado de serenidade, intrínseco à nossa verdadeira essência. Pratique com frequência os exercícios de auto-observação e conexão com o agora: eles são transformadores. Uma nova leitura deste texto, de tempos em tempos, também pode ajudar muito nessa direção.

Importante lembrar que a verdadeira profundidade dessa sabedoria, representada pelas duas palavras que dão origem ao título do livro, não pertence a qualquer ser humano ou grupo religioso. O estado de presença é a grande descoberta de Jesus, Moisés, Buda e outros importantes mestres espirituais aqui citados. Que possamos seguir o exemplo deles para conhecer o verdadeiro significado da experiência da vida.

Ian Mecler
Contato com o autor
e-mail: ian@mecler.com.br
site: www.portaldacabala.com.br
twitter: twitter.com/ianmecler
orkut/facebook

OS MESTRES AQUI CITADOS

Os mestres citados aqui foram referências fundamentais para que esta obra pudesse ser escrita. O estudo da obra que eles deixaram já é, por si só, objeto de grande iluminação. A seguir uma relação dos mesmos, em ordem cronológica.

MOSHÉ RAVEINU (MOISÉS) – Século XV a.C.

GAUTAMA BUDA – Século V a.C.

SÓCRATES – Século III a.C.

JESUS CRISTO – Século I

MOSHE CHAIM LUZZATTO – Século XVII

GURDJIEFF – Século XX

YOGANANDA – Século XX

BAGWAN RAJNEESH (OSHO) – Século XX

Este livro foi composto na tipografia
Minion, em corpo 11,5/17,5, e impresso em
papel off-white no Sistema Digital Instant Duplex
da Divisão Gráfica da Distribuidora Record.